JN191595

今と未来に生きる
生命尊重行政

沢内村（現西和賀町）が教えてくれること

高橋 典成
高橋 和子
企画／大阪社会保障推進協議会

日本機関紙出版センター

もくじ

今と未来に生きる生命尊重行政

もくじ

第3章　西和賀町の生命尊重行政の歴史と今　高橋典成　73

もくじ

序章　伝えたい、過去でない沢内「生命尊重行政」のいま

寺内順子（大阪社会保障推進協議会事務局長）

２０１８年10月14日、旧沢内村（現西和賀町）にある深澤晟雄《まさお》資料館前には多くの人が集まっていました。ここには深澤村長の銅像と、そのとなりには記念碑「いのちの灯」があります。この年は、「いのちの灯」建立35周年であり、そして深澤晟雄資料館開設10周年にあたります。その記念集会のために全国から様々な思いをもった人たちが駆けつけており、私もその一人であったわけです。記念集会での増田進先生と井上英夫先生のご挨拶は第１章に収録しておりますので、ぜひお読みください。

さて、私と沢内村とのかかわりはごくごく浅く、初めて旧沢内村を訪れたのは２０１４年９月。中央社会保障学校が岩手県花巻温泉で開催され、その２日目のフィールドワークでここを訪れたのです。

その頃の私は、沢内村のことは日本で初めて老人医療費を無料にした自治体であることをもちろん知っていたし、２００９年に公開された映画『いのちの山河』（大澤豊監督）によって、沢内村・深澤村長の生き方などは知っていました。

さらには２０１２年、大阪社会保障推進協議会発行『住民運動のための国保ハンドブック』を作

成する際に国保の歴史を今一度学ぶこととなり、野村拓先生から雑誌『岩手の保健』(岩手県国民健康保険団体連合会)の貴重な資料を託され読んでいました。そして、沢内村についても学び直すために沢内村関係のありとあらゆる書籍を購入して読み、かなり勉強もしていました。

ただ、合併により沢内村が消滅し、心のどこかで、歴史上の出来事のような捉え方をしていたのも事実です。

しかし、2014年、実際に足を運んでみて、その土地を見て感じること、そこにいる人に直接話を聞くことは、書籍などから得た知識や理解とはまた違うものだということを実感しました。

まず、沢内村に行くには花巻温泉からバスで山の中を1時間以上走らなければなりません。まして や冬はその道が雪に埋もれるのです。想像を絶する自然のなかに沢内村はありました。

その時にお話を伺った高橋和子さんは沢内村の元保健婦さんで、村議会議員も勤められていた方です(現在は議員に復帰されています)。しかし、深澤村長が亡くなってから仕事についておられるので、深澤村長と一緒には仕事をされていません。つまり、沢内村の生命尊重行政、命を守ることを最優先する行政は深澤村長亡きあと、深澤村長の志を引き継ぐ人々によって営々と続いてきたのです。深澤村長をリーダー、ヒーローのように言う人がいますが、深澤村長は人を見つけ出し、育てた人なのだということがわかります。そのあたりの詳しいお話は2章で和子さんが詳しく語られています。

2005年、沢内村は隣の湯田町との合併で岐路に立ちました。湯田町は温泉観光で一時期は活況をきたしたこともあるのですが、現在はそれも廃れていました。行政姿勢が全く違う自治体が一緒になるのは困難でした。湯田町は「沢内病院は無駄だ」と主張しましたが、沢内村は「沢内病院と老人医療無料化は合併の第一条件」と突っぱね、存続を果たしたのです。和子さんによると、旧沢内村の高齢者と旧湯田町の高齢者では健康状態も、一人当たり医療費も大きく違うそうです。これは、長年の沢内村の予防医療の賜物でしょう。

その年の10月、沢内病院は町の中心部に移転し「町立西和賀さわうち病院」として新規オープンするという時でした。白い大変美しい建物は、沢内村の人々の誇りのように見えました（表紙写真）。

その後、２０１６年夏に高橋和子さんと再会したのですが、和子さんから「冬の沢内に来ないと、本当のことはわからないわよ」との話を聞き、確かにそれはそうだと思い２０１７年1月に仲間にも声をかけ、6人で西和賀町のヒアリングを行いました。その時のヒアリング概要は次のとおりです。

テーマ
「今に生きる沢内の医療と保健～50年前から地域包括ケア構想をもっていた自治体」

□1月23日
①午前中　高橋和子さん宅でレクチャー
②12：00～　昼食移動
③13：30～　西和賀町行政ヒアリング
健康福祉課長兼地域包括支援センター所長　佐々木一さん
④15：30～　町立西和賀さわうち病院視察
病院事務局長　高橋光世さん

□1月24日
①9：30～　高橋典成氏によるレクチャー
（旧沢内村社会福祉協議会事務局長、前ワークステーション湯田・沢内施設長、現NPO法人輝け「いのち」ネットワーク代表）
②13：30～　深沢村長記念館視察訪問
③16：00～　元沢内病院長　増田進先生との懇談

行政ヒアリングの詳しい内容は第4章で菊池高波さんが報告されていますのでお読みください。

この2日間のヒアリングでお会いした人たちの誰もが最初に語るのは沢内の「生命尊重行政」であり、沢内の精神はやはり今に脈々と生きているのだと思いました。そして、今に生きる「沢内」を、より多くの人々に伝える必要があると強く思ったのが、この本を出版するきっかけです。

なかでも、沢内の生命尊重行政を体現しているお二人、高橋ご夫妻の言葉を通してみなさんにお伝えしたいと思います。

私はいま、大阪社保協事務局長としての職務以外に、シングルマザーと子どものサポート団体「一般社団法人シンママ大阪応援団」の代表理事をしています。

第3章で高橋典成さんが「輝け『いのち』のネットワーク」の活動についてお話をされています。その中で「子どもには人、自然、文化が必要だ」と書かれていますが、２０１７年1月のヒアリングの中でもそう静かに語られ、その言葉が私の心に大きく響きました。典成さんのその言葉は、まさにシンママ大阪応援団のサポートの方向性を指し示していると感じたのです。

私が今回三度目に訪ねたのは紅葉の美しい時期でした。11月に初雪が降るこの西和賀町は間もなく、また厳しい冬を迎えます。昔ほどは降らなくなったと言われていますが、大阪というほとんど雪が降ることのない都会で暮らす私たちには到底わからないほどの豪雪で閉ざされます。

75歳以上の医療費の2割化がねらわれています。一方、西和賀町ではいまも65歳以上の高齢者は世帯非課税であれば無料です。

最後に亡くなる年前の1964年5月、厚生省の保健文化賞を受けての深澤村長の寄稿文の一部を掲載して私の章を終わりとします。今の時代をまさに反映したような文章であり、心が震えます。

生命の尊重されない政治や世相の縮図のように、私の村ほど露骨にこれを表したものも少なかろう。人命の格差は絶対に許せない。生命の商品化は断じて許せないと考えることに無理があろうか。このことは感傷的なヒューマニズムでもないし、人権尊重という民主主義の題目唱和でもない。それは人道主義とか憲法とかの生ぬるい理念の問題でなくて、もっと切実な生々しい生命自身、人間自体の体質的な現実課題であると解するのに何の無理があろう。生命健康に関する限り、国家ないし自治体は格差なく平等に全住民に対し責任を持つべきであり、それは思想以前であり、憲法以前であり、ましてや政策以前の当たり前の責務であるというのが私の政治理念である。

〜中略〜

私は自分の政治理念を不動のものと考え、内にあっては村ぐるみでの努力を惜しまず、さらに外からの暖かい理解と協力を信じながら、住民の生命を守るために命を賭けようと思う。

（昭和39年5月）

沢内村（現西和賀町）とはどんな所？

●地勢

西和賀町は奥羽山脈の山岳地帯に広がる地域で、岩手県中西部に位置します。三方を標高１０００ｍ級の奥羽山脈に囲まれ、残りの一方は秋田県横手盆地に向かって開かれています。北には国の自然環境保全地域に指定されている和賀岳、南には栗駒国定公園内の一部となっている南本内岳がそびえ、錦秋湖周辺は湯田温泉峡県立自然公園に指定されるなど、豊かな自然に囲まれています。冬季は10ｍ以上の累積降雪量となり、豪雪地帯対策特別措置法に基づく特別豪雪地帯に指定されています。また、和賀川が南北に貫き、それにつながる多くの川や沢があり、豊富な水資源に恵まれた地域です。

総面積は５９０・74平方㎞で、南北約50㎞、東西約20㎞の広がりがあります。地目別の面積でみると、山林が大部分を占め、比率では81・9％（出典：２０１０年世界農林業センサス）となっています。

西和賀町として合併する前の旧沢内村は、高齢者の医療費無料化と乳児死亡率ゼロを日本で初めて達成した自治体です。

●沿革

湯田町は、1889（明治22）年の町村制施行によって湯田村となり、1964（昭和39）年に町制を施行、沢内村は、明治22年の町村制施行により、川舟村、猿橋村、太田村、前郷村、新町村、大野村の6カ村が合併し沢内村となりました。2005（平成17）年11月1日両町村が合併し、西和賀町が誕生しました。

●人口（2018年7月現在）

2317世帯、5739人（男2678人、女3061人）

●交通アクセス

・鉄道を利用

東京駅―（東北新幹線）―北上駅……約3時間

北上駅―（JR北上線）―ほっとゆだ駅……約45分

・飛行機を利用

札幌―いわて花巻……約55分

大阪―いわて花巻……約1時間20分

名古屋―いわて花巻……………………約1時間20分
いわて花巻空港―（バス）―北上駅……………約50分
・高速道路を利用
浦和ＩＣ―（東北自動車道）―北上ＪＣＴ………約6時間
北上ＪＣＴ―（秋田自動車道）―湯田ＩＣ…………20分

第1章　老人医療費無料化記念碑「いのちの灯」の現場から

2018年10月14日、秋晴れの下、岩手県西和賀町沢内の深澤晟雄《まさお》資料館前で、老人医療費無料化記念碑「いのちの灯」建立35周年の集いが行われました。みちのくみどり学園の生徒たちのオープニング和太鼓演奏で始まった集いから、4人の方のご挨拶をここに紹介します。

「いのちの灯」の根っこに流れているもの

高橋典成（NPO法人輝け「いのち」ネットワーク代表）

みなさんの目の前にある深澤晟雄資料館が今年10年目を迎えました。そしてここに「いのちの灯」が建立されたのは昭和58年12月1日で、今年が35年目になります。そこで今回は遠くは福岡や愛媛、大阪、東京など、全国のみなさんにもご参加いただきこの集いを開催することができました。本当に、ありがとうございます。また地域のみなさん方には稲刈りでお忙しい中、参加いただき恐縮しております。

さてこの「いのちの灯」ですが、根っこを辿っていけばそれは老人医療費の無料化ということで

隣には深澤村長を顕彰するブロンズ像が建つ

深澤晟雄資料館前の「いのちの灯」

す。全国で初めて旧沢内村が老人医療費の無料化を行った、その年が昭和35年の12月でした。それ以後、東京都などさまざまな自治体で老人医療費の無料化が実施され、国の制度になったのが昭和48年でした。この制度は10年間続きましたが、いろんな事情で一部有料化になり無料化の灯は消えてしまいました。しかし旧沢内村ではずっと継続していました。その時に、「沢内、頑張れよ」という声と、医療費無料化を初めて実現したことを記念した碑をという声が上がり作られたのが「いのちの灯」です。碑が建立されたその日はたいへんな吹雪で、雪に疎い方たちにとってはとてもキツイ一日でしたが、除幕式がこの場所で行われました。

それ以来、35年の年月が経過し、老人医療費の無料化や「いのちの灯」については昔語りに聞こえる部分もありますが、しかしその根っこに流れているものは今の社会にも流れているのではな

呼びかけに応えて全国から参加者が集まった

いかと思います。確かに医療技術は進歩していますし体制も整っています。あるいは保健サービス、福祉サービスについてもどんどん当時から比べると大きな広がりを見せており、そういう意味においてはかなり進歩発展していると思うわけですが、しかし高齢化が進む中で、格差社会の現実と貧困問題などもあるということを考えれば、旧沢内村が行った公的責任で行う福祉の有り様というのは、今現在でも大事な部分、あるいは予防を大事にしていくという部分においては、今言われている介護予防などにもとても今でも通じるものがあるのではないかと思います。

　そういう意味で35年とは、ただ昔を懐かしむという意味だけではなくて、今に問われていることをお互いに考え合う、そういう一日にしていければと思っています。

深澤晟雄資料館開館10周年、これからに向けて

加藤和夫（NPO法人深澤晟雄の会理事長）

本日は好天に恵まれ、紅葉も美しいよい日にお集まりいただきありがとうございます。深澤晟雄

資料館開館10周年、10年前の10月19日に開館しました。そして「いのちの灯」建立35周年というたいへんおめでたい日となりました。これまでご支援、ご協力いただきましたすべての方々に御礼を申し上げます。

私は昨年より深澤晟雄の会理事長をしています加藤和夫と申します。この会は今から10年前作られ、前理事長たちとの話し合いの中で会の目的として一番重要だと考えたことが二つあります。一つは、澤晟雄さんの業績をみなさんに見える形で残すこと。二つ目は、過去の遺産としてではなく、現代そして未来に向けての活動にしたいということでした。一つ目の目的は、さまざまな資料をここに集めて展示し、多くの来館者もありなんとか達成されつつあるかと思っています。そして二つ目に関しては、少しずつですが自分たちができることを地道に続けていくことだと考え、本日表彰式を行います『いのち』を考える作文コンクール」を実施しました。まだまだ小さなコンクールですが今年の反省をもとに、多くの子どもたちに「いのち」の大切さを考えていただく機会になれるよう充実していきたいと考えています。

「いのち」を考える作文コンクール表彰式

そしてもう一つ今年始めた事業があります。それはいろんな事情があって満足に食事ができない県内の子どもたちに食事や食材を提供しているフードバンクに食材を提供するという事業です。この地域の財産であるお米や大豆などをみなさんから提供していただき、それをまとめて届けることができれば「いのちが一番大事」という晟雄さんの意志を、いくらかでもつなげていけるのではないかと考えました。この後、町内のみなさんにお知らせし、ご協力を仰ぎたいと思います。

資料館を始めたとき、前理事長たちとまず10年間頑張ってみようと話しましたが、その10年が経過した今、未だに道半ばだと感じています。特に年々、入館者の減少があり財政面では常に綱渡り状態です。なんとかしなければと思いながらもいい案が浮かんで来ないのが実際の現状です。これからもみなさまのお力をお借りしながら、少しずつでも前に進めたいと考えていますので、どうかよろしくお願いいたします。

地域包括医療体制を作った沢内村

増田　進（元沢内病院長）

先ほど、ここにある施設の紹介がありました。懐かしいですね。どれも私が設計に関わった建物です。それから後ろにある建物、現在は深澤晟雄資料館ですがこれは当時、住宅改善というのが沢内村で行われ、その時のモデル住宅第1号の建物でした。加藤邦夫先生という私の前の院長先生が設計されました。それから向こうに見える建物が第2号で、そこは私が設計し暮らした家です。当時は医者も住宅を設計しました。そのために村の人たちの暮らしの中に医者もずいぶん入り込んで行ったものですし、逆に村の人たちから教えてもらったいろんなエピソードもあります。そういうわけで、この地域はとても懐かしく、想い出深い所です。

ところで、今回私はこの「いのちの灯」が建立されて35周年の村の報告をすることを依頼されましたが、それは非常に酷な話です。実は碑ができたきっかけはみなさんご承知のとおり、沢内村から始まった老人医療費無料化を国が止めたということで、それを契機にこの碑の建立に向けた運動が始まりました。つまり国が沢内村に倣ったという言い方はおかしいのですが、老人医療費無料化を始めたのにそれを止めたということ。なぜ止めたかというと医療費が天井知らずに上がったからです。それで国は方向転換していきました。

でも沢内はどうかというとあまり医療費は上がらなかった。これは何かというと、システムの在り方、あるいは病院の医療の考え方などいろんなものがあるのですが、それをここでお話すると時間がかかりますのでそれは省略します。ただ言えるのは、医療費無料化を基にして患者送迎バスがこの場所に来て、ここを中心にして村のお年寄りが集まってきました。病院の中に入ると舞台のような場所があり、そこに寝ているお年寄りもいました。ですから老人保健法ができるときに社会保障制度審議会の委員の方たちが見えられました。その中には大学の先生方もいっぱいいらっしゃいましたが、まず最初に「これは医療じゃなくて福祉ですね」と言われました。その後、母子センターの講

資料館の向いに今も残る旧沢内病院

堂で議論しましたが、私は「私たちがやっていることが医療であるか、福祉であるかというような議論は不毛だ」と言いました。要するにここに来て元気になって帰られる、村が明るくなる。それが最高の医療じゃないかと、そういう議論をした覚えがあります。

実はこれは非常に大事な接点なんですけど、しかし医療費が上がりましたので国はどんどん有料化に向い、医療の制限にかかり始め、それをゴールドプランなどと銘打ち福祉に移行していきました。沢内病院では当時は往診もしていましたが、緊急の往診もあるし、定期往診もあるのですが、ある時は村の中の90歳以上のお年寄りはどういう暮らしをしているのだろうかと訪問したこともあります。それが医療か福祉かはわかりませんが、村の人たちはどうしてるのだろうかと、そういう活動もしました。

それから冬になると一人暮らしのお年寄りなどは肺まで完全におかしくなってしまいますので、あまりに酷い場合は緊急に入院もしてもらいました。これは社会的入院になりますが、「越冬入院」というタイトルでＮＨＫテレビに出たこともあります。すると病院がやっていることについて「国がダメだと言ってることをなんでやるんだ！」と、私は村や議会から非難されました。でも人が困っているなら当たり前だろうと思うのですが、国が言うからダメだという考えが強いんですね。そういうことで徐々に変わっていくことになるのです。

でも、先ほど言いましたようにバスでお年寄りが来て病院で診てもらって帰る。これは今で言えばデイサービスです。それから定期的に往診する。それは訪問診療です。そして雪が降って大変でしょうと泊める。これはショートステイです。つまりそういうものが呼び方はどうであれ、村の人たちが必要だということでここの施設と一体でサービスをしてきました。しかしそれが国の方針とは合わないのです。そして段々と行われなくなってきました。

私が来た時は深澤村長が保健文化賞を受け、張り切っておられた時でした。そこで村の健康管理システムを作るんだと言われて、健康管理課ができ私はその課長を命ぜられました。この健康管理課長を医者が担うというのがおもしろいところでした。一般に医者は病院にやって来た患者を診るものです。健康管理課では病院に来ない人、あるいは他の病院に掛かっている人たちも全部対象にし、それをどうするかというようなことも含めて非常にいい経験をさせていただきました。それが包括的な医療体制を作ることだったのだと思います。こうして沢内はいわゆる地域包括医療体制を作ったわけです。

しかし私が辞めた後ですが、沢内村の健康管理課がなくなりました。そして行政システムとしては深澤以前に戻りました。今はあらためての再出発だと思いますが、他と同じように訪問診療やショートステイなどの事業を始めていくのだろうと思います。私は今、雫石町など他の場所を手伝ったりしていますが、国から地域包括システムをやれやれと言われて、保健師さんや職員が動いていますが、どうも余り効率は良くはないんじゃないかと思っています。なぜかと言うと、地域のニーズを集めてシステムを作っているんじゃありません。国から言われて作って動いているだけなんですから。

こうして沢内もシステム的にはそういう形で普通の村に戻りました。ですけどこれからまた頑張るのだろうと思います。そのためにこの碑があるのだろうと思います。やれたのですから。今の国もそういう方向を目指しているのかもしれませんが。こんな田舎の小さな村でやれたのです。それを示してくれるのがこの「いのちの灯」なのだろうと思います。

沢内村と人権保障のこれから

井上英夫（金沢大学名誉教授・佛教大学名誉教授）

今日は、みなさん、地元沢内村、西和賀町、そして全国からお集まりいただきありがとうございます。この集会を「いのちの灯」の前で開催することの意義はとても大きいものがあります。ご存知のように、日本の将来にとって今は危機的な時ではないかと思っています。なぜか。生命が奪われている。そのいのちについて生きる命と死ぬべき命というように価値の差別化が進んでいる。いのちが軽くなっているのですが、相模原市の津久井やまゆり園の事件、これが本当に象徴的だと思いますし、病院においても多くの人が命を奪われていることも日々報道されています。この点で、「いのちの灯」、そして沢内村の生命尊重行政、自分たちの命を自分たちで守った村という、そのことの意味がとても大きな重みをもって私たちに、そして日本の国に迫っています。

私は、村の外から応援、支援、そして一緒にたたかっているサポーターです。最初に沢内村に伺ったのが、「老人医療費無料化を守れ」と、この「いのちの灯」が建立されたときでした。この地を出発点にして東京までいのちの行進、キャラバンをし、各地の県庁や市役所、あるいは民主的な人々に訴えていきました。それがきっかけですのでちょうど35年になります。

それ以降、いろんな形で沢内村に伺って、いろんなことをお話しさせていただきましたが、なによりその35年の中で一番記憶に残っているのは、最初に沢内村に伺った時に見た田んぼや畑の畦道の美しさでした。その頃はもう減反政策等により農業の荒廃が進んでいる時で、ここに来て本当にすごいなあと思いました。

それから沢内村には偉い人、本当に偉い人がたくさんおられることです。どういう人が偉い人かと言うと、それは哲学を持っている人です。村の中で、あるいは村の外で活躍している人がたくさんいらっしゃる。深澤村長が偉いというのは確かにそうですが、その村長を支えた人たち、第2世代と私は呼んでいますが、その人たちが本当に立派な人たちです。

そしてもう一つ、この沢内村がすごいと思うのは、その人たちだけではなく村の人たちが、学習することによって、それぞれの哲学をそれぞれの分野で持ち、そういう意味での村民力、それがすごいのです。そういう中で生命尊重の村を作り上げてきたということでしょう。また私としてはその他に、とにかく飲ん兵衛が多いことも魅力の一つで、ずっと通い続けてきた理由の一つでした（笑）。

今また、この35周年を出発点にして、この沢内そして西和賀町をさらに高めることが日本全体を高めることになる。増田さんもお話されていましたが、改めて沢内村は日本の一つの、日本の国全体、あるいは日本の地域、私たちの導きの星になる。それだけの活動を積み重ねて来た、そう思います。

今後の課題としては、どういうふうにしてこの沢内村の経験を活かし全国の自治体に広げ、さらに日本の国を変えていくのかということです。今の危機的状況の中で、本当に生命が大事だ、いのちが守られなければならない、生活が大事だ、そういうことを広め、それを私たちの一つの闘いとして勝ち取っていく必要があるのではないかと思います。

その中身はたくさんあるのですが、一つは増田さんが言われた、実は沢内村こそ、今流行りのように言われている地域包括ケアですが、これを実践してきた村であったということです。つまり、保健、医療、福祉、そして大事なのは住宅であり、農業です。そこに力を入れ、自分たちのいのちを本当に大事にし、育ててきた、そういう行政を貫いてきたのだと思います。かっては、地域包括ケアは、保健・医療でしたが、そこに福祉も入れなきゃいけないということでそれが本当の地域包括ケアになるのですが、それをすでに何十年も前から実践してきたのが沢内でした。

ただ私は増田さんとは少し違うのですが、地域包括「ケア」は大事でこれは共通していますが、でも現在の政策は「地域包括ケアシステム」と言います。この「システム」という部分にやはり怪しい部分があり、「システム」で人を輪切りにして、年齢別、障害、病気別というように輪切りにして適当に押し込んでしまうというようなところがあります。これは医療か福祉か、というような制度の問題ではありません。何を使おうが、福祉だろうが、医療だろうが、保健だろうが、人々の生活がきちっとできて健康に生きて、そしてハッピーに暮らせる、これが一番大事だと私も思います。

でも今の「地域包括ケアシステム」は、実はそういう考えではない。制度に当てはめていくことです。この「地域包括ケアシステム」を中心的に進めた人物は「地域を病院にすることだ」と言いました。「道路は病院の廊下だ。家は部屋であり、そうするとみんなは安心して生活できる」と。しかし、医療にも良い医療と、間違った悪い医療があります。お金のためだけにやるのは悪い医療でしょう。住民の本当の健康を考え生活を考えているのがよい医療だと私は思います。しかし今の政策は、残念ながらやはりお金の問題、そのための医療にどんどん転化している。営利化です。それに抵抗してきたのが沢内村でした。そして今でも営利企業や営利産業が医療以外の福祉領域などに全国で進出しています。

そういう状態に歯止めをかけ、医療や生活の保障は基本的人権であるから、その人権保障は国が責任を持ってやらなきゃいけない。深沢村長が言ったように国がやらなければ自治体がやるのだというように、国と自治体が一体になって人々の人権を保障しなくてはなりません。人権とは難しい話ではありません。社会保障や社会福祉、そして健康権、それから生活の権利さらには文化の権利もですが、この人権を保障するということが実は沢内村で今までやられてきたことでした。繰り返しになりますが、その大事な点は、人権保障は国がやるということです。

自分たちで命を守った村というと、確かに貴重なことですが、下手をするとそれは自分たちでやれということで、いわゆる自立・自助・共助論になります。自立・自助に続き、今の日本では共助・公助と言い出しています。公《おおやけ》が助けるということですが、でも公は助けるのではなく保障しなければならないのです。何を保障するのかと言うと、それは人々の権利であり、保障するのが国の義務だということが保障という言葉の中に含まれています。ですから社会保障、医療保障、これらはそういうことなのです。ところが今や公助です。公は助けるだけだ、あとは自分たちでやりなさいと。自助・共助・公助。これにすっかり乗ってしまい、自治体はじめ国全体がそういうように動いていますが、それに対してそうではないよというのが沢内村が今までやってきた蓄積だろうと思います。ですから沢内村の生命尊重行政とは実は人権保障行政だと私は思っています。

これからは、沢内村という本当に貴重な財産を世界に発信していかなければならないと思います。実は世界で、例えば北欧やヨーロッパなどでやられていることは、やはり沢内村が目指してきたことと共通しています。そしてさらに、国連では今、高齢者の人権条約を作ろうという動きがあります。日本からも、私たちが今年も国連に行き、人権条約を作らせようという運動をしています。私たちは沢内村に学んで、高齢者の人権だけではなくすべての人の人権を保障していくことが大事だと考え、それをさらに国際的な運動にしていきたい、今日がその出発点でもあれば幸いです。そういう意味で、今日は沢内村の財産を大事にして、将来に向かってさらに発展させ、地方から国を変えていく。ちょうど老人医療費無料化の動きがそうだったように。そういう出発点になる日ではないかと思います。

最後になりましたが、今、沢内村の業績について資料を収集・整理しています。これにはみなさんの手助けが必要だと思います。2代目の人たちも立派でしたが今はそれが3代目、4代目に引き継がれています。沢内の若い人たちが、沢内村とは何だったのか、沢内村の生命尊重行政とは何だったのかを学ぶ、そのためにはどうしても資料や様々なみなさんのお話などの保存が大事でしょう。そのことにもぜひご協力いただければと思います。ありがとうございました。

第2章　私の見た沢内村

高橋和子（元沢内村保健婦・現西和賀町議会議員）

生命行政を土台に生きてきた

今日はお招きいただきまして、ありがとうございます。さきほどの映画「自分たちで生命を守った村」が撮影されてから半世紀近い年月を過ごしてきました。みなさんもそれぞれのお立場でほんとうにご苦労されながら熱心にご活動されていらっしゃると思い、心から敬意を申し上げます。そして今日は夫の高橋典成と2人で一人前ということでご一緒させていただきます。

結婚して40数年ですが、一緒にこういう遠くまで来るというのは初めてのことです。大体においてそれぞれの人生を歩んでおりますので、接点があまり無いというか、ただ一番根っこのところの生命行政を土台にして2人で生きてきたという間柄です。どちらかといいますと私は感覚的にあちこちへと走ったり考えたりしていて、夫とは違う視点、保健行政の立場でやってきました。一方、夫のほうは福祉一筋の人で、その土台になるのがどちらも沢内村の生命行政でした。

8人兄弟姉妹の5番目

私の今日のテーマは「私の見た沢内村」ということですが、お配りしたレジュメの1枚目はほとんど私自身のことを書いています。実は自分自身のことを人前でお話するのは今日が初めてです。私は1944年（昭和19）8月、岩手県東磐井郡大東町猿沢（現在の一関市大東町猿沢）に生まれました。終戦の1年前で、1歳の時の8月には広島、長崎へ原子爆弾が落とされ敗戦となり、日本は貧困のどん底に落ち込む、そういう時代でした。

今も子どもの貧困は深刻ですが、私も貧しい小作農家の8人兄弟姉妹の5番目で、常に食べることに家族の努力は集中していました。私は無口でおとなしく、お利口さんの子だったようです。なんで今、こんな風に人前で話せるのかわからないほどですが、40歳代になってから黙っていられないと思うようになり発言するようになったようです。

正義感の強い性格なので、考えて考えてやっぱり言わなくちゃという時に発言するので一歩も退けない人間のようになっていました。

貧しいので小学校1年生から田畑や山の仕事をさせられました。昔の農家は全部手仕事で、何を運ぶときでも人の背に頼るので人手が必要なのです。体が頑丈でない私は何度も脳貧血や日射病で意識を失って倒れました。ギリギリの生活が高校卒業まで続きました。

「先生、保健婦になりたいです！」

通っていた高校は定時制高校の分校で、私は無試験での入学になりました。当時は高校進学を進めるために、定員に満たない高校の定時制では誰彼と誘って定員を満たそうとしていました。私はその時進学を勧めに訪ねてきた先輩たちを力に、この時を逃したらもう高校へは行けないと思い、夜帰宅した両親を説得しました。ふだん無口な私が強い口調で頼むのを見て両親は驚き、そんなに言うならと「最後までやるんだよ」と許してくれました。

片道40分の夜の山道で、これまで女性は一人も通学していませんでしたから、母の心配も大変なものだったと思います。教科書は近くの先輩のものを譲っていただき、母は当面の負担や支払いを駆けずり回って整えて入学させてくれました。

奨学金を借り、アルバイトをびっしり入れて学びましたが、授業のレベルはどんな学力の人も入学していましたので、1年たっても2年たっても、とても高校とは思えないレベルでジリジリしていました。

そんなある日、五つの分校を束ねる本校の主事先生と呼ばれる小野寺弘先生のおすすめで合宿学習会に来るように言われ参加しました。その時、私は自分の学力のレベルを知りました。そして中学2、3年生の時の進学組中心の差別教育と定時制分校での授業のあり方を憤りをもって思い返しました。

この先生は私が3年生を終える時、時折分校を訪ねられましたが、4年生になるとすぐ大学受験を勧められました。私が自分の学力では無理だと言いましたら、ご子息が使った参考書をダンボール箱に入れて届けてくださり、これで遅れを取り戻すようにとのことでした。私が戸惑っていると、短期間ではありましたが、本校の先生を2人交互に派遣してくださり、大学がだめなら私の希望する県立一関高等看護学院受験をと励ましてくださいました。分校の先生方が誰も「無理だ」というなか、「やってみなければわからないでしょ」と私は強気で受験へと向かいました。しかし分校の先生方が言われたとおり、自分でも不合格とわかるほど惨憺たる状況でした。

あきらめて山仕事をしていたその春の夕方、一関高等看護学院と印刷された一通の封書が届いており、開いてみると合格通知書でした。「嘘だべー！」と思いましたが、本当でした。「どうしてだろう…あんなに回答できなかったのに…」と不思議でしたが、その謎はそれから3年後に明かされることになります。

柳行李一つにわずかの着替えとジュジュクリーム1個を入れ「看護学は全員が同じ初めてだから同じスタートラインに立てる」と楽観的でした。小野寺先生はご自分の後輩の一関市内の高校の先生を私の保証人にしてくださっており、学院の化学の先生でもありました。

看護学院の院長は酒井清澄先生。外科医で実習病院の県立磐井病院の院長でもあり、当時の地域医療の草分けの先生でもありました。私はここでも県の奨学金を借り、夏・冬の休みはアルバイトに明け暮れました。看護学院ではやはり基礎学力の弱さに悩まされることもありましたが、新しい学びと人との関わりで大忙しでした。

酒井院長は看護学院の講義なのに、たびたび保健婦の話をされました。病院にも保健婦を置くことが大事だとのことで、産業組合時代※の病院保健婦の先輩たちの活動の重要さを熱意を込めて講義されていました。

私は病院実習も進み外来や病棟の経験のなかで、病気を直して退院させてもすぐ他の同様の病気で入院してくる患者が絶えない、どうにかならないのか…と思う時、院長が講義された保健婦の活動によって予防ができると思うようになりました。

卒業が近づいたある日、講義室で院長に呼ばれ「実習病院に残ってほしい」と告げられました。不意のことで院長の本意を尋ねる術も知らないほど未熟な私は「盛岡の保健婦学院に進み保健婦になりたいと思っています」と答えました。じっと私を見つめておられた先生は「あっ、そう、そうか…うん、わかった」と、いつもの柔和な表情に戻り「わかった。しっかりやんなさい」と言ってくださいました。その時、何かが私の心を駆け抜けたように、在学中の3年間で時折私に接してくださった先生の姿が部屋を出た後の心を占め、申し訳ない思いがこみ上げてきました。でも私の決心は変わることはありませんでした。

幸いにも県立盛岡保健婦専門学院に入学ができ、高等看護婦の国家試験にも合格して一つの資格をいただきました。保健婦専門学院では保健婦国家試験の受験資格と、養護教諭と産業衛生管理者の資格が得られます。1年間で行なうこれらの学習と自治体（保健所・市町村）や学校での実習は目まぐるしいものでした。

そんな中、卒業での進路を決める時期になった頃、酒井院長からお電話がありました。「国保水沢病院で保健婦を探しているからどうかね。待遇もいいから…」とのことでした。その時私はすでに就職先を心に決めていましたので「先生、すみません。私は沢内村に行くことに決めています」と答えると、先生は半ば驚き、半ば呆れたように「あんたも利かない人だねえ」。そして「いや、悪い意味じゃないよ。沢内は私も知っている。大変な所だがやり甲斐はあるから、しっかりがんばりなさい…。だけどね、谷間の白百合になってはいけないよ」と言われ電話を切られました。私は再びのご配慮を受けることなしにお断りしたことが申し訳なく、「ありがとうございます」と深くお辞儀をして受話器を置きました。鈍感な私でもここに至っての恩師心に深く打たれつつ「谷間の白百合になるなってどういうこと?」と疑問を抱いていました。酒井院長は私が数年ほどたった頃、一度村に来られて様子を見てくださいました。その頃の社会情勢や世界の動きについて「キナ臭い状況になってきた…」と見送りの車の中の会話でつぶやいておられたのを思い出します。社会情勢も敏感に感じとっておられる先生でした。

※1900年（明治33年）産業組合法によって設立された協同組合。信用・販売・購買・利用の4種があり、貧しい中小生産者・農民の保護と救済を目的とし、特に農村で発達した。

本に導かれて沢内村へ

私は保健婦学院卒業後の就職先を、岩手県和賀郡沢内村と自分で決めました。その年の1月20日発行の岩波新書『自分たちで生命を守った村』（菊池武雄）を学院で紹介され、それを読んですぐに「ここへ行こう。深澤晟雄《まさお》村長もすごいが、高橋清吉さんを見てみたいし、深澤さんを村長にした住民ってどんな人たちだろう」と思いました。教務の中山ミツ先生からは「和子さん、就職する前に一度沢内を見ていおいたほうがいいですよ」と言われましたが、なにしろアルバイトをしないことには行く旅費もないので、卒業後もアルバイトを続けて故郷に1泊し

『自分たちで生命を守った村』
（菊池武雄、岩波書店、1968年）

3月31日に沢内村へ向かいました。

奥羽山脈へ向かって列車が行くにつれ、春から冬へと風景が巻き戻され、下車駅（旧陸中川尻）に着くと日はとっぷり暮れていました。目の前にうず高く積まれたものが電灯に照らされていました。見たこともないものなので近づいて見ると、それは大きな雪の塊でした。

冬には大きな雪の塊があちこちに見られる

タクシーに乗り沢内を目指しましたが、どこまで行っても道の両側は雪の壁ばかりで、家がないのかあるのかもわからず、どんな所に連れて行かれるのか不安になり、その時の中山先生の言葉を今更ながら思い出していました。その「雪が多いといっても人が住んでいる所でしょ」と高をくくっていた自分を反省しようと思っていた時、タクシーが90度曲がって明るい玄関に着きました。そこが沢内病院でした。

病院とコンクリートの屋根付き廊下でつながっている母子健康センターの中に私が所属する健康管理課があり、訪ねると2人の先輩保健婦が待っていてくださり、インスタントラーメンを頂きながら温かくいろいろ教えていただきました。案内された看護宿舎に行くと柳行李とダンボール箱2個が待っていました。

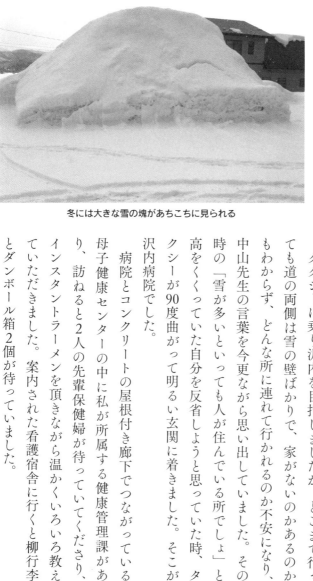

翌日は4月1日、辞令交付式の日です。役場はそこから歩いて10分のところにある古い木造2階建でした。「まだ、時間は大丈夫」といろいろな説明を受けて高橋ミヨ保健婦長や同僚とともに行き、急なガタビシの階段をよじ登り2階の大広間に行くと、すでに「菅原和子さん」と名前が呼ばれているではありませんか。みんなに背中を押され心の準備も感動もなく恥ずかしさの中、遅刻1年生の保健婦が誕生しました。深澤村長没後3年目のことでした。

当時の沢内病院　提供：ＮＰＯ法人深沢晟雄の会

沢内村に来てさらに驚いたことがありました。私と同じ本を読んで東京の映画会社・独立企画（片桐直樹監督）がこの村の撮影に入っていたのです。映画の題名は本と同じ「自分たちで生命を守った村」で、スタッフが7～8人いました。映画撮影隊は、冬になっても雪が降らないと撮影ができないので「降ったら教えてください」と言い残し一時東京に戻ったりしていました。彼らは議論好きらしく、夜はよく飲み歌を歌い賑やかでしたが「自分たちで生命を守ったというが、そういう自分たちはどこにいるのか」と聞かれました。そんなこと言われても…と思ってしまいましたが、次の日に監督は「自分たちとは特定された人たちということではなく、村長の呼びかけに住民がそれを理解し、一緒にやってきたことだ」というような話をされました。当時流行っていた「イムジン河」をよく歌って楽しそうに、私たちにも教えていました。

中央政治から見放されたような村としては行政も住民も束にならないと命さえも守れないという実態を改めて示されたような気がしました。この映画はそういう意味を込められて作られたものであり、深澤村長が築いた生命行政の土台と、その上に築いた健康管理課や住民の暮らしを描いていて、背景の政治課題も投げ掛けていると思います。

健康管理課とは

私が所属した健康管理課は、当時はどこにもなかった課で、深澤村長の深い思いと斬新な発想から設置されました。村民を健康にするためには病気にならないよう予防が大事である。そのためには保健だ、医療だという縄張り根性があってはいけないとして〝予防と治療の一本化〟〝行政と医療の一体化〟を行政組織の上で作り上げようとしました。

１９６３年（昭和38）、欠員の副院長を迎えると同時に立ち上げることになり、これまでの行政組織を変え部制を敷きます。いわゆる総務部、事業部、厚生部です。厚生部長には加藤邦夫沢内病院長、その下の健康管理課長に新採用の増田進副院長が就任しました。厚生部は沢内病院・健康管理課・福祉課・保険課で構成されていました。私が就任したときは母子保健センターにありましたが、それ以前（母子健康センターが１９６５年（昭和40）4月に開設するまで）は病院内に事務室を置いていたそうです。ここに加藤院長が記した文章がありますのでご紹介します。

健康管理課の職員は、課長（病院副院長）・課長補佐（後に主幹）・保健婦（後に保健師）3～4人・栄養士1人・衛生係1人・運転手1人、そして管理助産婦（この方は保健婦でもありました）と雑役1人でした。この構成には後に歯科衛生士や看護師なども加わってきます。なお部制は1969（昭和44）年でなくなりますが、健康管理課は残り、課長が副院長であることはずっと続きます（後に院長になる）。（「保健室の誕生と抄読会─すこやかに生まれ育ち老いるをめざして」189頁より）

「沢内村衛生行政機構図」（次頁）を見ますと、村長が一番の責任者になっています。村民の健康の全ての責任を村長が持っているということです。その下に保健センターがありますが、建物はありません。その下に健康管理課があり、その右に沢内病院があります。病院相談室というのは健康管理課と沢内病院の接点で共同で仕事をしていました。左に母子健康センターがありますが、ここで沢内の子どもたちが生まれました。1965年（昭和40）に建設されたのですが、深澤晟雄はこれをとても待ち望んでいました。先ほどの映画で母子健康センターと並んで、血圧管理センターという看板がありましたが、脳卒中がとても多かったのです。深澤晟雄はこれで、赤ちゃんと働きざかりの人たちの病気をかなり防げるという腹積もりでした。歯科予防センターは、後に歯科医師を採用してから健康管理課と同じような活動を歯科の部分で取り組んでいきます。

また図の左に福祉センターとあります。これは住民福祉課と社会福祉協議会で構成しています。社会福祉協議会は全戸加入です。福祉関係で半公共的な役割をになっている立場です。その隣が教育委員会で、これら全部が連携して村民の健康を守るために、それぞれの仕事をやっているというこ

沢内村衛生行政機構図

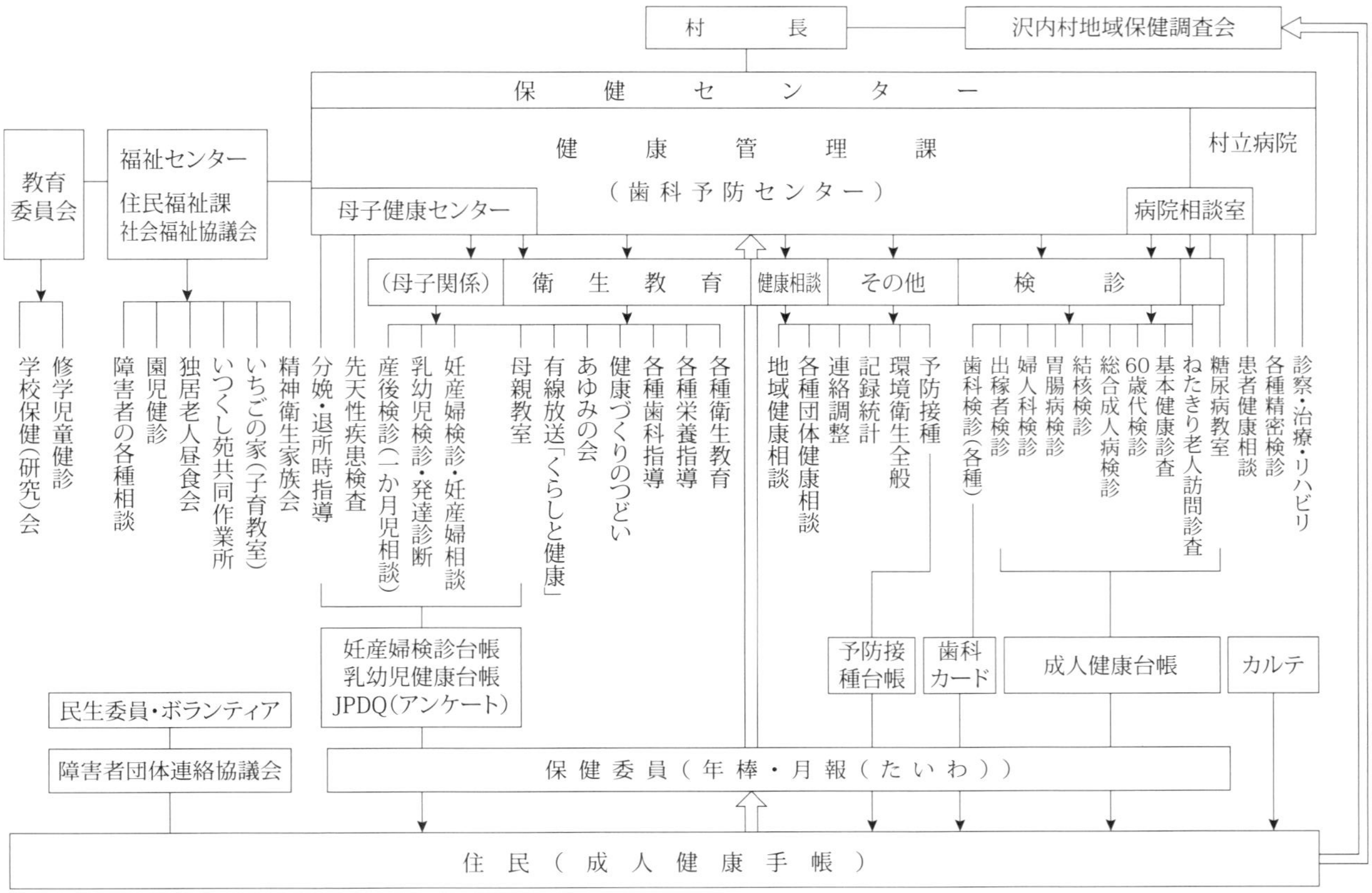

村長
沢内村地域保健調査会
保健センター
健康管理課
（歯科予防センター）
村立病院
母子健康センター
病院相談室
教育委員会
福祉センター
住民福祉課
社会福祉協議会
（母子関係）
衛生教育
健康相談
その他
検診
修学児童健診
学校保健(研究)会
障害者の各種相談
園児健診
独居老人昼食会
いつくし苑共同作業所
いちごの家(子育教室)
精神衛生家族会
分娩・退所時指導
先天性疾患検査
産後検診(一か月児相談)
乳幼児検診・発達診断
妊産婦検診・妊産婦相談
母親教室
有線放送「くらしと健康」
あゆみの会
健康づくりのつどい
各種歯科指導
各種栄養指導
各種衛生教育
地域健康相談
各種団体健康相談
連絡調整
記録統計
環境衛生全般
予防接種
歯科検診(各種)
出稼者検診
婦人科検診
胃腸病検診
結核検診
総合成人病検診
60歳代検診
基本健康診査
ねたきり老人訪問診査
糖尿病教室
患者健康相談
各種精密検診
診察・治療・リハビリ
妊産婦検診台帳
乳幼児健康台帳
JPDQ(アンケート)
予防接種台帳
歯科カード
成人健康台帳
カルテ
民生委員・ボランティア
障害者団体連絡協議会
保健委員（年棒・月報（たいわ））
住民（成人健康手帳）

とです（この外に住民の健康を守る業種として、県の農業改良普及所の生活改良普及員・農協の生活指導員があり、年間業務で会議を持ち共同できるものは共同し住民へ配慮しました）。

それぞれの下に健康に関する業務の内容が書いてありますが、保健婦の仕事の中では家庭訪問と検診と衛生教育が大きく占めています。家庭訪問とは、先ほどの映画で24歳のカチカチだった私の保健婦姿をご覧いただきましたが、その1年生保健婦が仕事している様子、家庭を1軒ずつ回りながら先輩保健婦がやってきたように全家庭の赤ちゃんを見に行きます。ついでに家族全員に目を配り、血圧測定をします。

みなさんのところにも保健師さんがいらっしゃると思いますが、最近は家庭訪問をしなくなっています。でも家庭訪問はものすごい大事です。住民に来てもらって検診するのも大事ですが、こちらから出向いて各ご家庭を見るということは、ものすごく多くの情報を得られるからです。また保健婦は言いたいことだけ言って帰ってくるだけではダメなんですね。問題が無ければ何も言わなくていいのですが、何かあれば「どうしたの」と聞き、こちらでやるべきことをやって、後に本人が不安にならないようにつなげていく役割があります。そういう子ども、それから病気を持っている方、障害児の方、障害者の方、さらに精神障害の方などを重点的に回っていきました（この頃は結核や感染症は少ない）。昔は福祉の確立が十分ではありませんでしたから、保健婦の役割はとても大きなものがありました。

健康管理課の仕事は住民が評価するわけです。この活動がいいか、悪いかをです。『岩手の保健』（岩手県国民健康保険団体連合会）という雑誌の編集者の大牟羅良さんという方が『もの言わぬ農民』（岩波新書、1958）という本を出されました。岩手の人も沢内の人もあまりものを言わないのです。でも、ものは言わないけども、聞く耳があればわかるし、見る目があれば見られます。そういう力を行政がいかにつけていくのかということだろうと思うんです。

保健婦ってなんだ

課長は医学の中で保健婦という職種については学ばなかったようで、「保健婦って何だ」と保健婦になりたてホヤホヤの私にまで問いました。改めてそう聞かれても、法律では学んでも一言では答えられませんでした。このことについて課長はずっと追求し、面白がっているというか、発見だと思っているようでもありました。

沢内村には県立衛生学院の保健婦と助産婦の市町村実習があり、20年以上受け入れて、家庭訪問や乳幼児健診、衛生教育や記録などを実習しておりました。その際課長は「保健婦と看護婦やホームヘルパーとは何が違うのか」という宿題を出します。3泊4日の実習を終えて反省会の学生に答えを聞きますが、学生は知る限りの知識を駆使して答えていました。

課長は、たとえば同じ家庭訪問でも看護婦やホームヘルパーは病院や事業主の方針に従い、そこで把握されている範囲での訪問だが、保健婦はその自治体の全住民の健康を守るという行政責任から発生し、たとえばその人に頼られたり申請されなくても必要であれば訪問するし、その住民にとって必要であれば受け入れられない場合でも指導して命を救うためにとことん対応するというような話でした。私もそう思っています。

　課長はよく「保健婦はひとり保健所だ」と言いました。保健婦は地区分担で受持地域を持ち、そこに住む全住民に対し、命と健康の責任を持つことになっていました。その全住民のデータを自分で作り、必要な人の健康を継続管理します。そこで計画・実践・評価をするので、保健所のようだということでした。個人だけでなく、課としての計画実践・評価も全員で行います。その時必ず欠かさないのは保健委員との会議です。これは後で説明します。

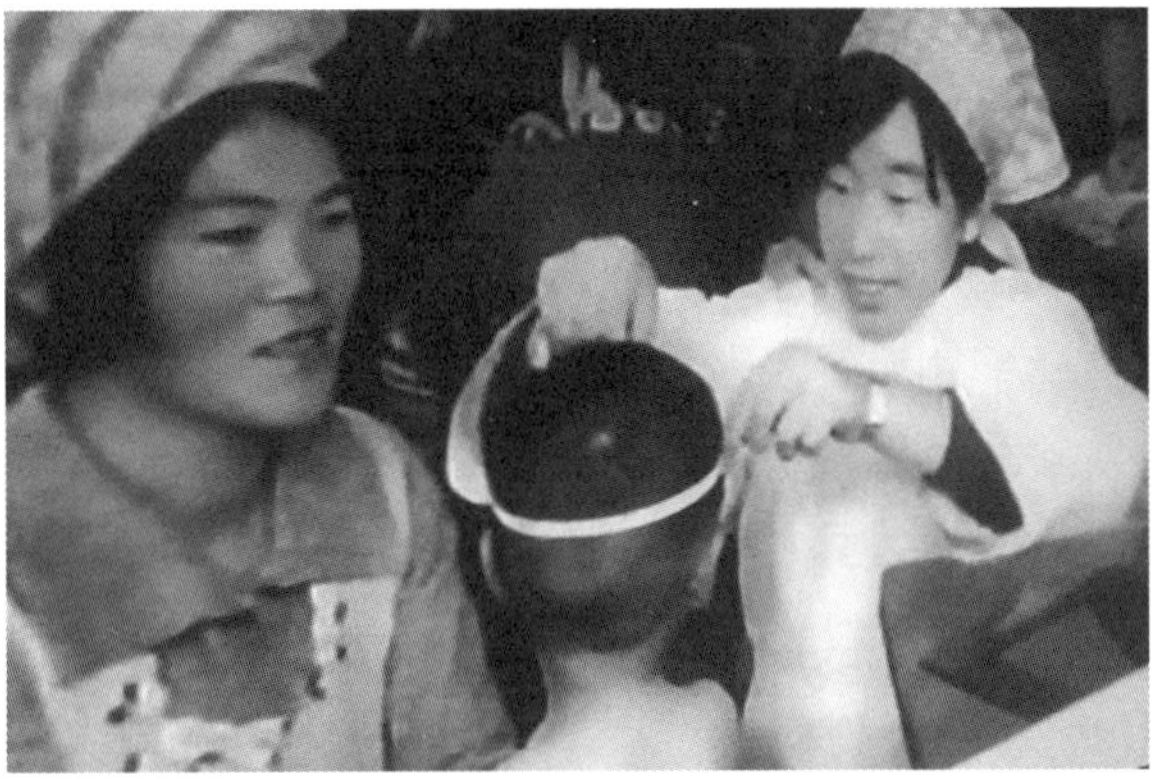
健診を行う若き日の著者（右）出所：ドキュメンタリー「自分たちで生命を守った村」

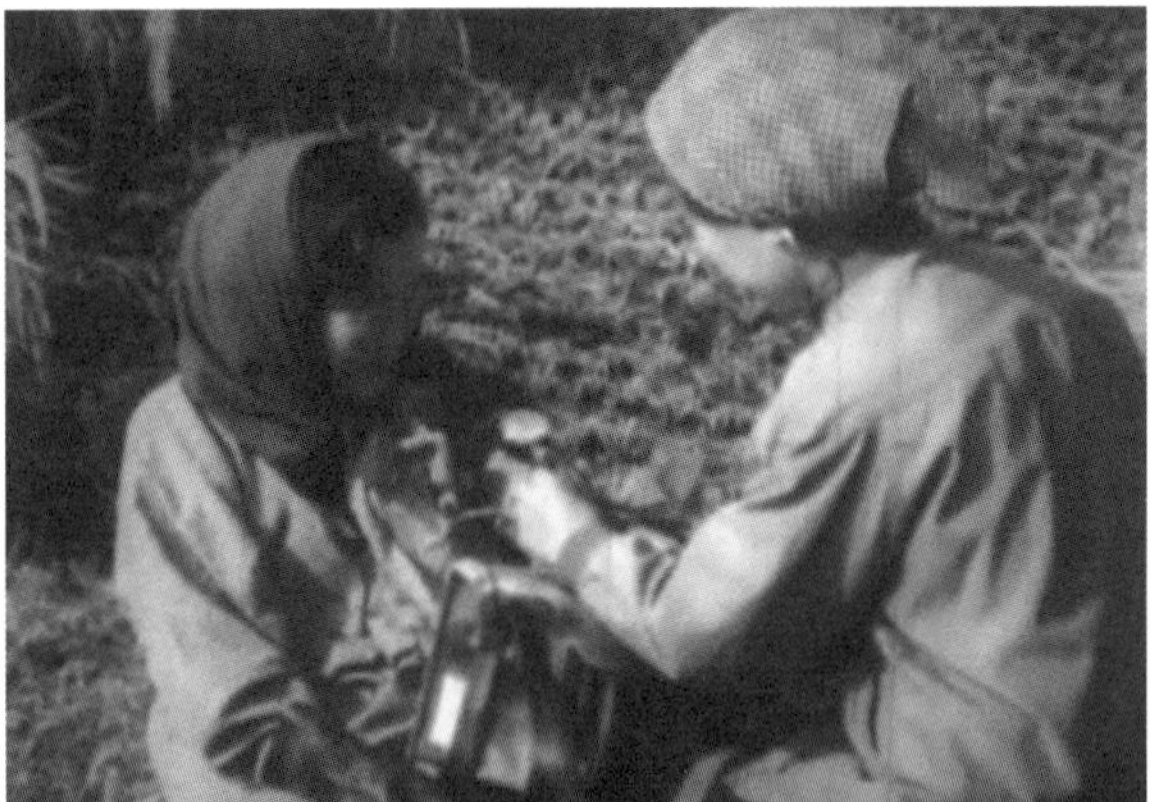
農作業の現場を訪問し血圧測定　提供：NPO法人深沢晟雄の会

　さて、レジュメに「保健婦とは何か」と書きました。保健婦とあまり出会う機会もないかもしれませんが、保健婦は行政の中でも憲法25条を実践する第一人者だと思っています。保健婦の仕事は病気を予防することですが、病気は住民の暮らしの中にあります。ですから暮らしそのものを知る、見ることが必要です。仕事そのものは見ることができない場合が多いのですが、直接会って話し合うことでかなりの状況がつかめますので、家庭訪問はいつの時代も大事だと思います。保健婦が住民と直接会って話し合うことが、その人の健康への何らかのヒントがあるとすれば、病気の予防につながります。沢内村での私たちの経験では、どの保健婦も会ったことのない住民にこそ重篤な症状が生じて悔しい思いをしたものです。受け持ち地区からできるだけそういう人を出したくないと思っていましたから。

乳幼児の健康管理

ここで保健婦の仕事で大事な業務をいくつかご紹介しておきます。まずは「乳幼児の健康管理」です。私は退職の頃担当していましたが、保健婦は交代で業務の分担をしていました。乳幼児については健診や予防接種、発達診断を柱にしており、それらが発育に沿い、もれなくチェックされることが大事です。そのためには沢内村特有の台帳管理を1960年（昭和35）に、石川敬治郎先生が乳幼児健診に携わる頃から研究し、改良しながら使ってきました。

台帳について少し説明しますが、最初に妊婦には母子健康手帳を発行すると同時に、妊産婦検診台帳を作り、妊娠・出産・産後までの記録をします。出産と同時に乳幼児健康台帳と予防接種台帳、発達調べなどを作成します（発達調べの内容は後に乳幼児健康台帳にも組み込みます）。これらは小学校入学まで予防接種台帳は中学まで使います。沢内村の出生は異常がない限り母子健康センターで8割が行なわれました。母子健康センターに10日間入所して、母乳指導や入浴その他の育児につ

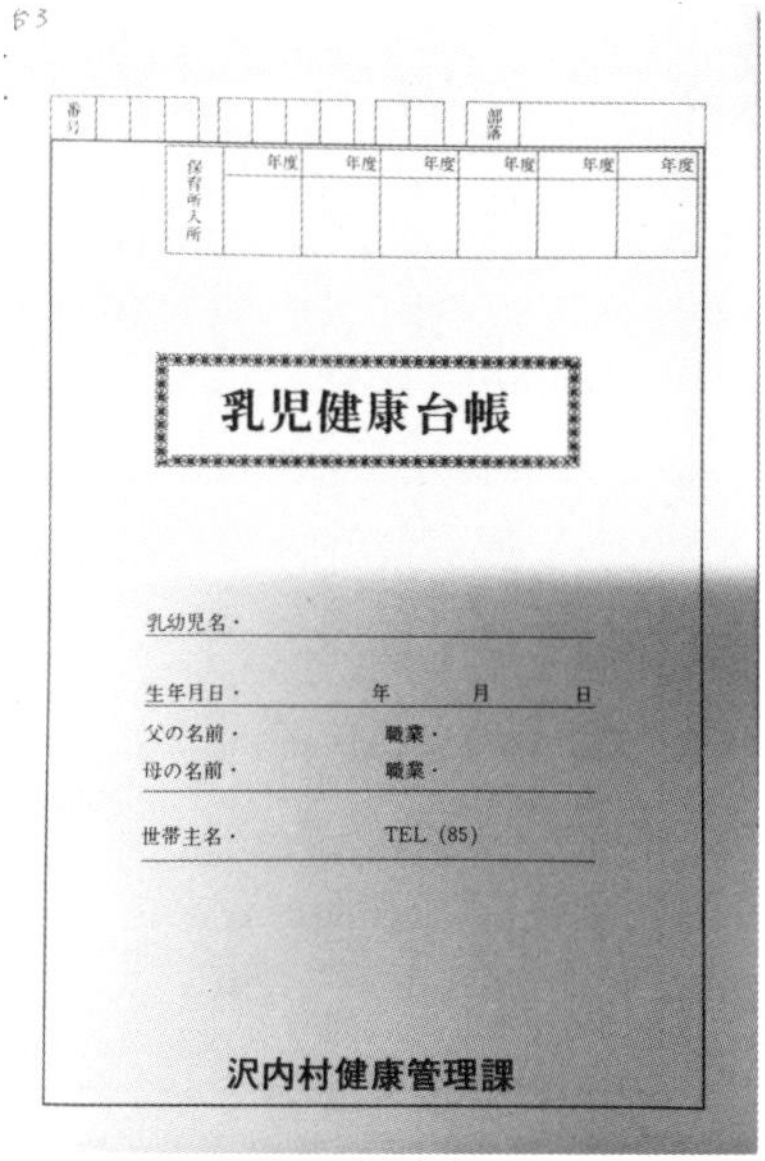

番号
部落
保育所入所
年度　年度　年度　年度　年度　年度

乳児健康台帳

乳幼児名・
生年月日・　年　月　日
父の名前・　職業・
母の名前・　職業・
世帯主名・　TEL (85)

沢内村健康管理課

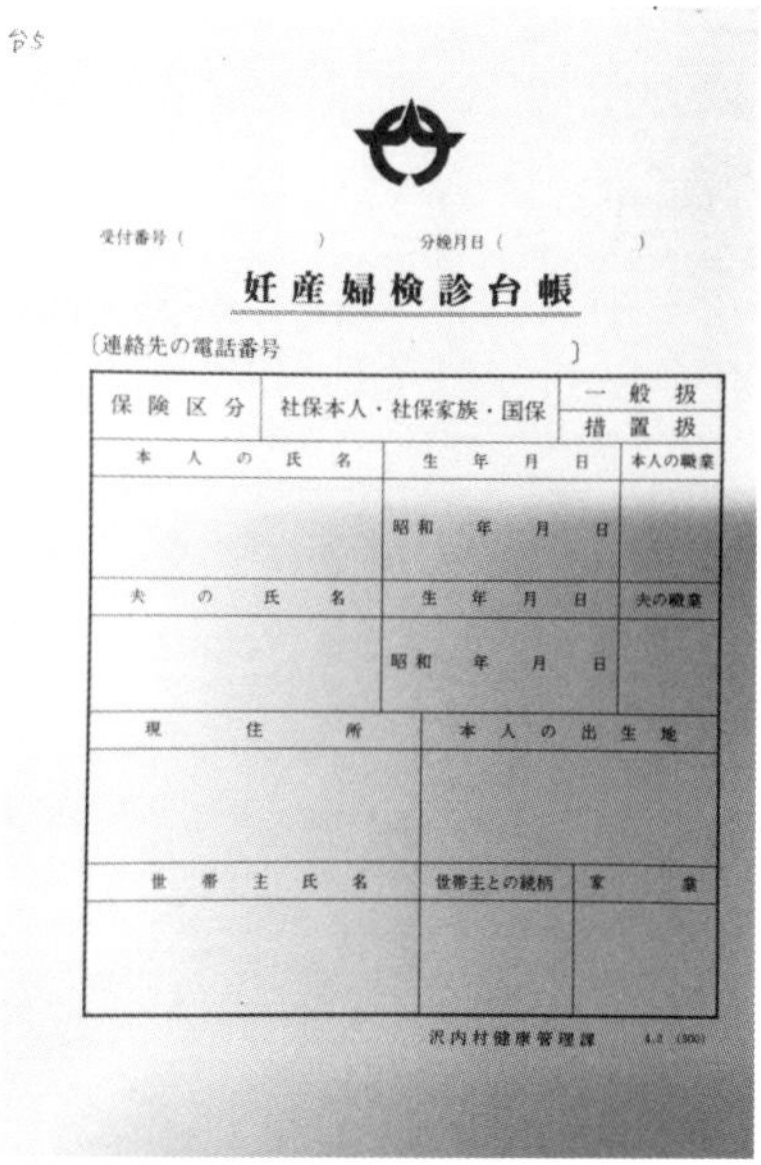

受付番号（　）　分娩月日（　）

妊産婦検診台帳

〔連絡先の電話番号　〕

保険区分　社保本人・社保家族・国保　一般扱　措置扱
本人の氏名　生年月日　本人の職業
昭和　年　月　日
夫の氏名　生年月日　夫の職業
昭和　年　月　日
現住所　本人の出生地
世帯主氏名　世帯主との続柄　家業

沢内村健康管理課

妊産婦健診台帳（右）と乳児健康台帳（左）

部落　長瀬野

乳幼児発達しらべ

なまえ　高橋歌織　男 女
昭和48年5月17日生
父　典成
母　和子

沢内村健康管理課

乳幼児発達しらべ

いて指導しますが、産後検診は分娩後1カ月目に新生児健診と同時に行います。その後2カ月に1回乳児健診、その後は1歳半、2歳児、3歳児と健診しますが、3歳以上になるとほとんど保育所に入所するので園児健診として実施します。そして、最後は就学児童検診です。これは教育委員会の所管ですが実務を私たちが継続していました。スタッフは養護教諭と幼児期に関わった部署として、保育所3カ所から3

人の保母、歯科医、歯科衛生士、ことばの教室の先生、発達診断の先生、健康管理課関係では小児科医の石川敬治郎先生、保健婦3人、栄養士、運転手でした。

これは私が退職する時期に近い頃の状況でしたが、このたくさんのスタッフが一堂に会して子どもたちの健康診断に直接携わります。終了後は石川先生を囲んで、子ども一人ひとりについて入学後の健康管理についてのミーティングをします。アレルギーやてんかん、内科疾患、情緒的な面などを養護教諭に伝えつなげました。保育所の保母からは保育環境のこと、家庭環境や出生時のことは保健婦からというように、安心して入学後の学校生活が児童も学校側もできるように計らいました。ですから小学校も中学校も何かあれば保健婦に連絡があり、必要によって石川先生のアドバイスや診察などにつなげて解決に努めました。視覚や聴覚に障害があり、村立小学校に入学困難な児童は保護者を伴って、その学校に行き、入学へ導き、保護者のフォローをしました。

成人の健康管理と人間ドック

次に成人の健康管理についてお話しします。成人とは高校卒業以上の方で村内に住む方たちが対象です。この年代の健康管理は、世帯ごとにまとめ地域ごとに管理する「成人健康台帳」と個人が持つ「成人手帳」です。成人の台帳の前はカードでしたが、継続して管理するために台帳になっていきました。最初は検診記録が中心でしたが、公民館での健康相談や家庭訪問での大切な記録など、徐々に内容が膨らんでいきました。

成人健康手帳は厚生省が老人保健法施行の時に参考にしたいからと持って行きましたが、どうだったのでしょうか？

　人間ドック検診（総合成人病検診）と同じ項目が手帳にもあり各個人に生の記録を全部書いて本人に渡します。これは役場のためのものじゃなく、それぞれの村民が自分の健康管理のために持つものです。ですから生のデータで渡します。もちろん指導もします。指導はそれぞれの分野の保健婦・栄養士、それから医師や歯科衛生士などから全部行われます。この記録は県立病院に持っていっても通用するものです。どこに持っていってもドクターが見ればひと目でわかるという、そういうことでやっていました。成人の検診は主なものに、がん検診、循環器検診、結核検診があります。みなさんも受けていらっしゃると思いますが、ぜひ検診だけは受けて健康状態はチェックしておいたほうがいいと思います。

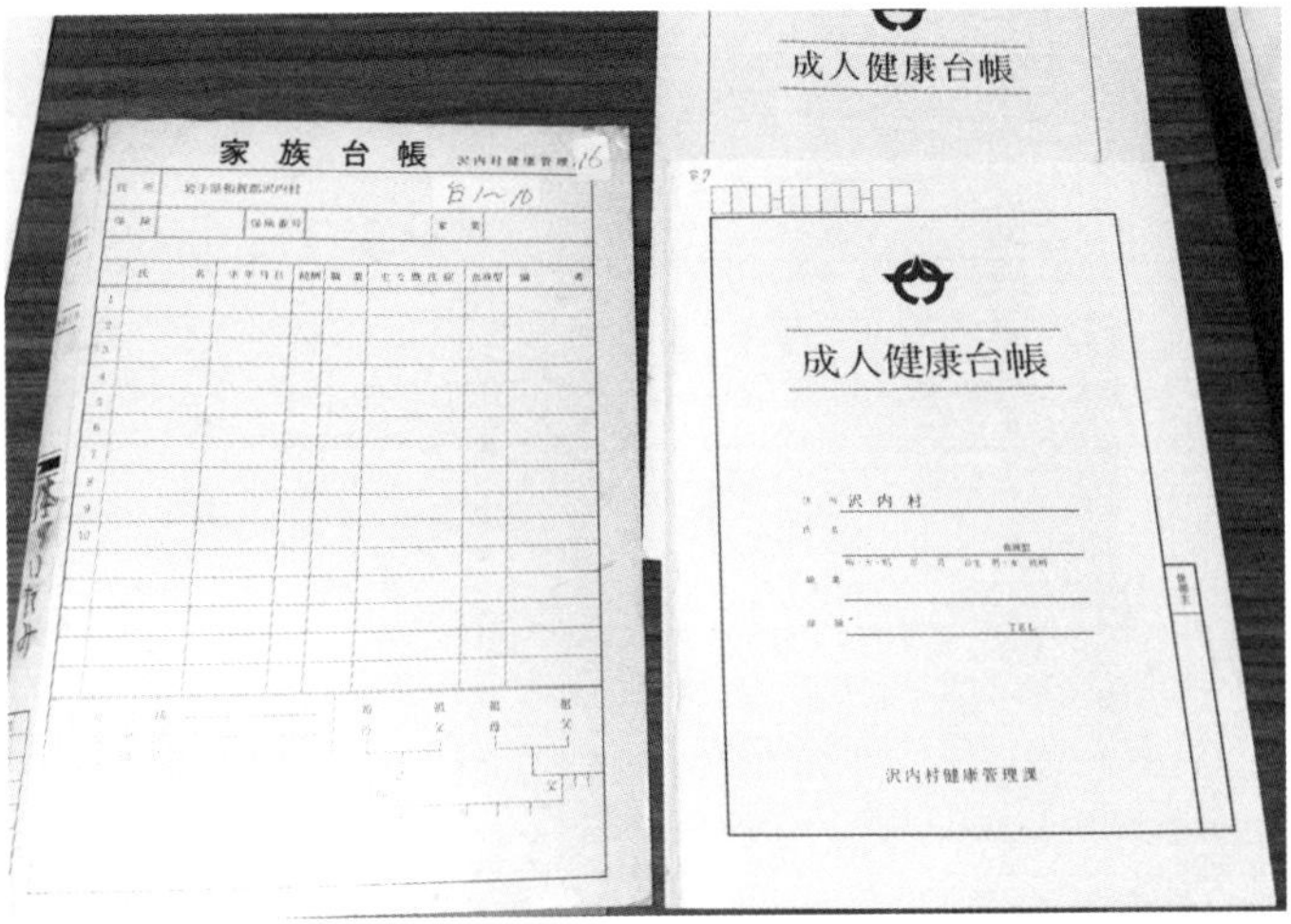

家族の健康台帳も作成

　沢内村のことを描いた「いのちの山河」という映画（2009年、大澤豊監督）に、検診のためにリヤカーを引いて地域回りした場面があるんですけど、昔は公民館や住民の家や保健連絡員さんの家を借りたりして回っていて、そういう時代がずっと続きました。その前は国民健康保険団体連合会の活動ということで、夏と冬に岩手県中の各市町村に医学生を派遣して行う保健活動を推奨していました。そのうちに沢内の場合は徐々に医師でやるようになりましたが、やはり学生ではない医師をという住民の希望が強く、学生派遣を止めて病院と健康管理課のスタッフでチームを作り、どさ回りといって何曜日の何時からここを回ってという検診を長い間行っていました。

そのうちに検診に来る人がお母さんとおばあちゃんとおじいちゃんばかりという感じになり、世帯の中心になっている男性が来なくなったんです。働き盛りの男性たちは、いろんな工事現場に、たとえば新幹線とか高速道路などの建設現場に朝早くマイクロバスが来て連れて行くわけです。そして夕方遅く帰ってくる。1日日当いくらでやっと暮らしてるのに、何回も何回も検診で呼び出したら来ない方が悪いなんて言えないだろうということになり、これではいけないのでどうするか相談しました。そこで得た結論は、検診に来た時に一度で精密検査までやれるようにしようということになり、人間ドックをすることになったのです。

人間ドックは新しい病院を建設する時にあわせて始めようということになりましたが、これが難しいことでした。とにかく住民の理解を得ないといけない。私たち保健婦は、それぞれの地域で2年間ぐらいかけてPR活動をしました。

「今度こういうのやるけどどうだ?」って。「ほー」なんて言って「あ、1回でいいのか。でもお金かかるべな」ということなんですね。そこで病院も医師も日常活動の合間にやるので、病院の各部所を回りながらの検診になりました。最初は1泊2日です。費用についてもものすごい議論があり、やはり人間ドッグなんだから、自分の健康なんだから全額出すべきだという意見がでました。だいたい5万円ぐらいかかる計算でした。

すると「そったに出せないべ」と。でも「やっぱり医療費だって無料なんだから、検診だって無料でやってくれねーと受ける人少ないんでないべか」という話など、あーだこーだとなりました。そして何回も会議で議論し、ようやく村民のみなさんのお財布をのぞくような感じで、最初は4200円から始まりました。ところが後で、計算外の検査項目があることがわかって、300円ぐらい上げしなきゃならないとなった時、再び「まだ300円あげるのか」と、これをめぐってすごい議論になり、結局4500円に落ち着いたということがあります。要はいかに受けさせるかなんです。受けられる人だけ受けるものなら、そういう議論は必要ないのですけど、やはり必要な父さんたち全員に受けてもらいたいということでの行政の努力だったのです。自分たちの医療機関を持ってることの住民のメリットでもあるのです（これらの議論は今回私が言及していない、保健調査会（村長の諮問機関）で行われた）。

「婦人が変わらないと村は変わらない」

また婦人会というものがあるのですが、この婦人会は1954年（昭和29）に深澤晟雄が「婦人が変わらなければ村は変わらない」と考えて、教育長時代に作らせるために努力しました。

深澤村長は熱心なお母さんを連れて地域回りをしました。そんなある日のことですが、こんな話もありました。村の北の地域回りの時にみぞれが降ってきました。深澤村長は何もかぶってなくて、着物を着ていた婦人が襦袢の袖をびりっと破いて、片方とって村長にかぶってもらったそうです。こうして深澤村長は婦人会を作らせ、労働組合も無い役場はろくなもんでないと組合を作らせ、農協青年部も作らせるなど、そういう素敵なことをどんどんやっていきました。

婦人会は熱心に活動をしながら勉強もしました。そして行政がそういう方向で、父さんたちを熱心に検診に誘うのなら、自分たちの家のことだから、やはり自分たちが頑張ってやるべきだということになって、それぞれの婦人会の年間行事に位置づけて検診を後押したということがあります。村長亡き12年後のことです。婦人会のそういう視点は現在に引き継がれています。

こうしてお父さんたちが人間ドッグを受けるようになるのですが、ただいつでもいいというわけじゃないんですね。私たちは第3希望日までとりました。そして暦に全部年間の人間ドッグの日を全部埋め込み、第1希望、第2希望、第3希望まで全部いれて必ず受けられるようにしました。すると次々に、私たちが片思いしながら来てほしいと、その顔を見たいと思っていた壮年の男性たちがやって来るんです。当時は1泊2日でしたから、シーツや着替え、歯ブラシなどを風呂敷にくるんで車から降りてきました。私の先輩などは「ほらみて、あの人来た！　あの人も来た！」と、本当に嬉しそうでした。まるで恋人に会えるような感じで、私はそれほどではなかったのですが、先輩方の思い入れがすごかったことを今も思い出します。

ところがスタートするときに先輩方が次々に体調を壊し、私と後輩の2人だけで始めたので最初のころはたいへんでした。こうして１９７７年（昭和52）にドッグ形式の大人の総合成人病検診が始まったのです。ですから、いかに受けてもらえるかというのは行政のやり方次第です。場所だけ提供しても受けてもらえなかったらどうにもならないことですから。もう40年も前のことでした。

心身障がい児（者）への取り組み

次に心身障がい者（児）の取り組みです。今、西和賀町には夫が一昨年まで働いていた知的障がい者のための通所施設、ワークステーション湯田・沢内がありますが、これが実現するに至る過程の一番のスタートはやはり保健婦でした。

先輩保健婦がとても障がい者問題に関心のある方で、思い入れが深く、常に障がい児（者）とその保護者に寄り添って組織化や個々の自立をめざし、社会福祉協議会や行政の福祉課と連携をしながら献身的に進めて土台を作ってきました。作業所を立ち上げ、親の会を結成させ、村営の保育所の保母とも協力をしながら進めてきました。そして比重が徐々に社会福祉協議会、ワークステーション湯田・沢内の福祉法人へと受け継がれていったことは村民である障がい児（者）にとってとても幸せなことであったと思います。

保健婦の役割上、仕事（業務）は集団として受け止め役割分担をし、それを交代しながらやっていますので、全く交代するということがなかったことは、私はおかしいと思っていました。しかし人は得手不得手がありますので、経過と結果を見れば良かったし、すばらしい結果になったと思います。

当初、障がい児を抱えた親のみなさんは「この子を残して死ねない」と涙に暮れます。しかし誰かのお世話にならないといけない。だから隠していてはだめじゃないだろうかと、みんなで子どもたちを連れて集まろうと、親の会をつくり活動が始まりました。とても熱心に取り組み、保健婦が寄り添い励まし、村の福祉大会（社会福祉協議会・福祉課・健康管理課も協力）で発言し、存在感を強めていきました。

子どもたちの中には就学猶予された子どもさんがあった（それが普通の時代）のですが、あるお父さんが「除外しないでほしい。普通に扱ってほしい。この子も学ばせてほしい」と教育委員会に掛け合いました。ずいぶん努力され、それを親のみなさんも理解し励ましました。学校にも訴えて「それなら保護者が送り迎えをし昼食終了まで付き添ってくださいね」と言われ、お父さんをはじめ、ご家族は毎日毎日、日常生活動作が確立することが困難なわが子を通学させました。徐々に学校も子どもたちも支援する気持ちが出てきて暖かい雰囲気が生まれたようですが、涙や血がにじむような日々であったことは間違いありません。その雰囲気は保育所にも伝わり、手のかかる子どもたちが保育に欠けると受け入れ、おおらかな空気の中、育てられていきました。保母たちが若いということもあり、誰かがおんぶして保育しているのを始終見ていました。

そのうちがんばった子どもは中学終了後は県内の障がい者施設で生活しておりましたが、現在はワークステーション湯田・沢内に戻って働いています。私たち保健婦が出生後からかかわり、親とともに悩みつつ、あちこちかけずり回りながら育て、対応してきた数人の障がいを持つ子どもたちが、施設から戻りワークステーション湯田・沢内に通所し、元気に働いていることはうれしいことです。

いちごの家（心身障がい児早期療育事業）

子どもの発達について早期に客観的に見るということは、あまり身近に情報がなかった昔は少し厄介な面がありました。しかし少しずつ資料が手に入り、研修なども行われ重要なチェック項目として乳幼児健康台帳に載せて使用できるようになりました。

発達は年齢によりチェック項目が変わってきますので、正常な発達が基本にあり、現状はどこがどう違うのかということを見る必要があります。またその程度と環境が心理的影響により、遅れや異常の発達程度だと見える場合もあります。それらを全部勘案して対応し、足踏みしている発達を進めてあげることが大事です。

沢内村母子通園事業親の会の会報

保健婦の訪問や健診で発見し、保育所では保母の目でチェックする。また親や祖父母が気づく場合もあります。フォローしつつ、母子通園事業や子どもだけで「いちごの家」に通園して、発達をすすめる経験をします。それらの事業について少し説明します。

一番最初は、健康管理課の健診後の小児科医・石川先生を囲み、社会福祉協議会や福祉課の職員とともに母子通園事業の持ち方、進め方について相談しました。1982年（昭和57）ごろかと思います。のちに岩手大学養護教育学科の我妻先生のご指導をお願いし、乳幼児健診での発達診断をしていただきながら早期発見早期指導の体制をとりました。人的な措置も必要で福祉課では県の心身障がい児早期療育事業より予算化しましたが、10人以上の対象者が必要ということで、それほど対象児がいない場合は申請できないということでした。人口の少ない町村やより手当の必要な過疎地では公的支援も受けられないと思い、何で人口の多いところが中心なんだなあと不満に思います。1人なら1人分、5人なら5人分と何でやれないものかと思います。

そういう事業の中で母親（時には父親）とミーティングをしていてネックだと思うのは、保育への父親の参加が少ないことでした。母親もそれを最初からあきらめている場合が多く、そこで家庭の育児、特に対象児のために父親を子育てに参加させようということになり、次のミーティングで各家庭でやってみたその努力の成果が次々と語られました。「父と子でキャッチボールをした」「散歩した」「風呂に入れてもらった」「その時の父と子の表情が明るく、今までと違ってよかった」「子どもが前向きに物事に向かうようになり、あまり叱らなくなった」「父親もまんざらでもないようだった」など、発言を聞いていると当の母親が一番うれしそうでした。「子育てに父親が必要であり、やっぱり父親はすごい」と結論づけました。30年以上も前のことです。

保健婦の衛生教育

「衛生教育」は保健婦の生命です。保健婦の仕事は人々の心と暮らしを〝健康〟の方向に推し進めていくものです。「衛生教育」は集団の育ち合いを重視します。人間は集団生活の中で生きているので、生まれた時から集団の中で、実生活の中で自然に他者から学びさまざまなことを身につけて生きる力にします。「衛生教育」はその延長線上で、健康のための学びをする場です。保健婦業務の中での「衛生教育」の場は、次のような事項になります。

・受け持ち地区での健康相談に集まった人たちに行うもの
・妊婦への母親教室
・糖尿病教室や「あゆみの会」（脳卒中の人のリハビリ）
・ドック検診の日程に組み込んだもの
・老人クラブや婦人会などの依頼で行う

などが思い出されます。その中から、私が体験した3項目についてお話しします。

（1）受け持ち地区での〝体の痛み〟の学習

できるだけ月に1回は受け持ち地区へ健康相談に行こうと思っても行けない月もあります。春を控えた時期、ある地区に出向きました。そこでは「春になると体があちこち痛くなるし辛いなあ」という女の人の声があがり、誰もが同調して頷いています。血圧測定を終えてみんな輪になって座りながら、それぞれ体の辛い話をしています。私は昨年もこういう経験があったので、それはどういうことか私も知りたいと思い、今回は少し工夫をしてみました。

紙に体の正面と裏面を書いてあるものを一人ひとりに渡し、自分の痛みのあるところを鉛筆で塗り潰すようにお願いしました。それを全部集めて、黒板に同じ絵を書いておいて、１枚目の痛い部分をチョークで塗ります。その次の紙の痛い部分をその上に塗る。そしてまた次の紙の痛い部分を塗る。そうやって全員の分を黒板の絵に塗り重ねてみると、みんなが「オーっ」と声をあげるほどあまりにも象徴的な結果が出て、私も一緒に声をあげてしまったのですが、それが上のような絵です。

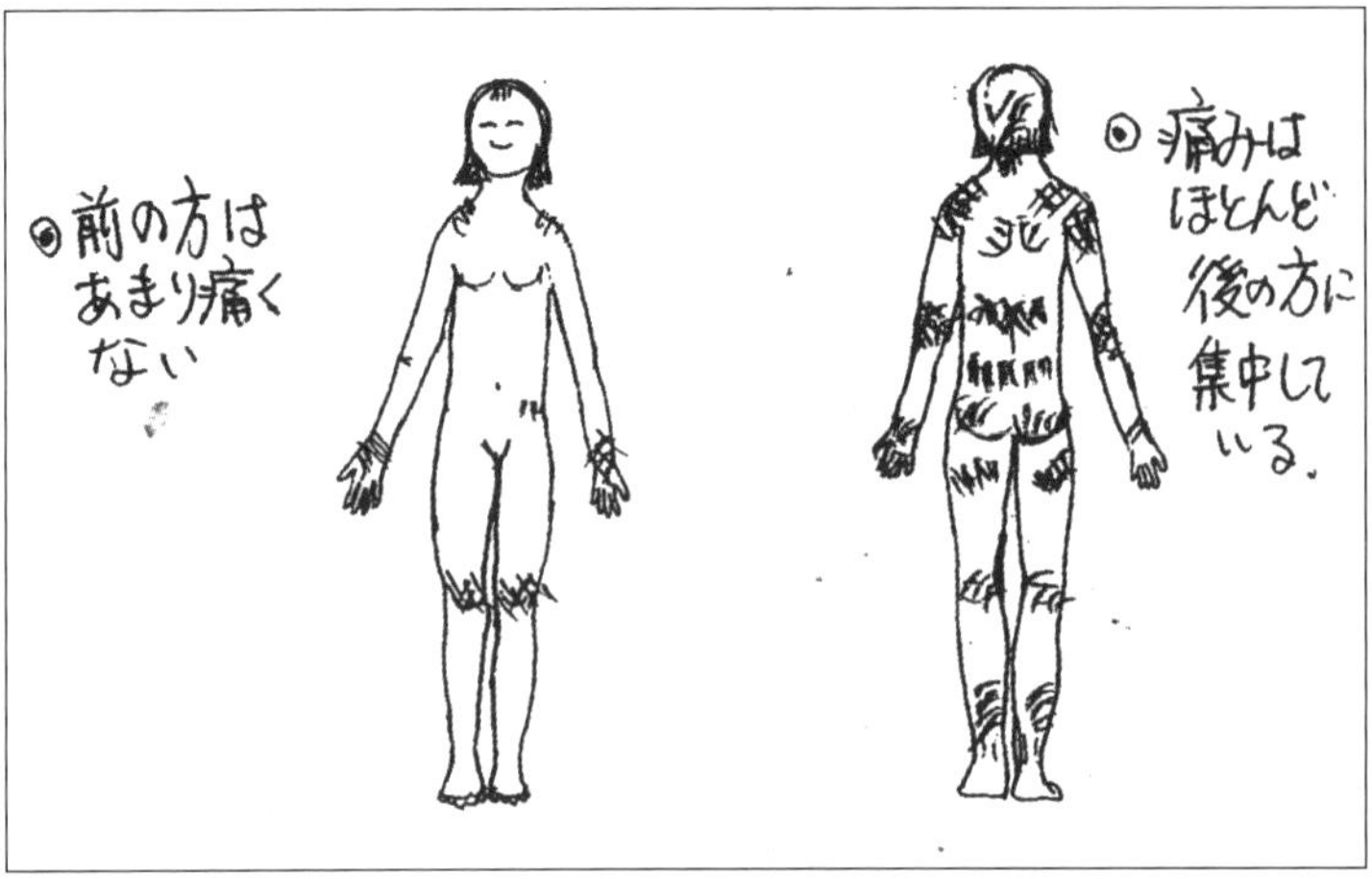
◎前の方は
あまり痛く
ない
◎痛みは
ほとんど
後の方に
集中して
いる。

体の痛みの学習から

絵を見ながらみんなが「なしてだべ?」と口々に言います。みんなの目が私に注がれ、私も「なしてだべ」と言うと、みんなは考えを巡らせながら「やっぱりなあ、かがみ仕事だもんなあ」「んだ、んだ」と合点がいったようでした。

さて、これから春がやってきます。そこでまず一番にやることはなんだろう。雪掘りです。米の作付けのため稲の苗をつくるためにまだ１ｍ以上積もっている雪を掘ります。そして堆肥をソリで運んで田に散らして耕して田植えの準備をするのですが、丸く大きな穴を点々と田んぼにあけてそこに堆肥を入れておけば、まるでバームクーヘンを置いたように堆肥が雪解けの後に残り、周囲に散らせば田起こしが始まります。

私が「雪掘りの姿勢はどうだ」と聞くと皆でその格好をする。するとかなり前かがみです。また畑を掘る時にはこうする、田植えのときはこうで、稲刈りのときはこうだとみんなで1年分の仕事の体形を再現しました。すると「やがでなあ」（やっぱりなあみんな前かがみだな）と誰もが納得です。「ではどうすればいいのか」と問うと「時々休めばいいか」「体を動かせばいい」という答えがあり、次回は筋肉痛と血流について話し合いをすることにしました。

すると、あるお母さんがポツリと言いました。「今、気がついた。体の使い方も大事だが、堆肥運びをする時にいつも正面から出しているが、田んぼは裏側にあるから、裏側に出入り口をつければなんぼか楽だべなあ」。こうして体の痛みの話が仕事の動線や家屋の構造まで及び、私も大いに学ばせていただきました。この学習は担当地区のほとんどで実施し、痛みの部分についてはどこも同様のことでした。

（2）「あゆみの会」の学び合い

「あゆみの会」は脳卒中に罹患した人たちのリハビリと心の支えになるために結成されました。テーマソングは「365歩のマーチ」です。私はこの会の初期に携わりました。ある取り組みで「経験者を講師にしたい」と言うと、当時の保健婦長はTさんがいいと推薦してくれました。Tさんは70代の女性で50代で左半身付随となりましたが、右手一本で着物を縫い、そば打ちも上手だとのこと。私も賛成しTさんが引き受けてくれました。「何を準備すればいいですか」と聞くと「布団とテーブルを」と言います。あとは嫁さんが付き添ってくれて必要なものは持参するからということでした。

さて当日、参加者は「あゆみの会」のみなさんやその家族の20人です。テーブルの上に布団を掛けるとTさんは片手で道具箱を出し、布団に針を刺し器用に糸を通し、布を布団の上に出しサッと広げて長さを調節し左側に待ち針をサッと刺して布を止めたと思うと、また右手に針を持ち布に当てたと思うとサクサクと小気味よく縫い進めます。布が手に溜まるとサーッとしごいてまたサクサクと縫い、サーッとしごく。サクサク、サーッ、サクサク、サーッと見る間に端まで進みました。思わず会場から拍手が沸き起こり「ワーッ」という声と、「やればできるんだ」「すごい！」「今まで頑張ったんだべなあ」などの感嘆の声が次々とTさんに投げかけられます。「父ちゃん見だが」と付添の妻がウンウンと涙ながらにうなづく夫の腕を揺さぶる姿もありました。この父ちゃんは働き盛りに脳出血で右半身マヒになりました。家庭訪問で血圧200以上ありすぐ治療を勧めましたが病院に来ず、間もなく発症し退院後に訪問したら私の顔をみるなりポロポロ涙を流し「あの時言われたとおりにしていれば」と後悔されていました。

Tさんはそば打ちも見せてくれました。そば粉をボールにあけて手打ちそばを練るのですが、手がボールの中で何も力むことなく、サッサッと音をたてながらくるりくるりと粉をこね、それが綿棒にクルクルと巻きつけられながらサクサクと切られ、とてもきれいなそばができ上がりました。みんなはまた「ホーッ」と声を出しとても感動した様子で、Tさんは多くの「あゆみの会」のみなさんに「やればできる」という勇気とチャレンジの心を芽生えさせてくださいました。

隣町から来ているSさんは、とある病院で「あなたはもう治らないから来なくていい」と言われ、絶望して仕方なく沢内病院に来たのですが、「なーにSさん、右がだめなら左があるじゃないですか」

と増田先生に言われたそうで、それから「あゆみの会」を紹介されました。その後Sさんは、県内のリハビリ病院に入院し、左側に力がついて自動車の運転ができるようになり「普通の道路より高速道路のほうが楽だ」と言うほどになります。左手で書く文字も上達し、「あゆみの会」の歌の時間に大活躍する歌集も作りました。

するとSさんよりも若いMさんも俄然元気になり、毎回私に掛ける言葉から医療関係者への愚痴がどんどん減っていきました。そして「苦労をかけている妻のために夕食作りをしている」と言うではありませんか。「どうやってるの」と聞くと、Tさんの縫い物からヒントを得て、まな板の裏側から長い釘を打ち出して、野菜などをその釘に固定して皮を剥いたりするそうです。私はどんなにか家庭の中の空気が変わっただろうかと思いました。また彼は川の流木を使ってオブジェを作りたいと話していました。でも私はその夢を叶えてあげることができず、今でも川原の流木を見ると、彼の熱い目と冷気を帯び硬直したその手を思い出します。

「あゆみの会」では会員が主体的に取り組みに関われるように日程を組みました。でも後遺症があり、他者の言動に左右される辛いことも多くあります。

（3）ドック検診での男たち

ドック検診の「衛生教育」は、保健婦の他に栄養士と歯科衛生士も関わって多彩です。検診には働き盛りの人たちが集まるのでその時間は貴重です。こういう世代で自分の体を日常の暮らしの中で健康へと向かわせるものをつかんでいただくことはとても大事であり、行政にとっても大事なことで、それぞれの心に届くものがあるようにと思いながら向き合っています。

検診項目に「お酒は1日何合飲んでいるか」という質問があります。ほとんどの人が2合と書きます。「テレビでも2合ならいいと言ってる」とか「2合までしか覚えていない」と本音が出ると大爆笑です。

またタバコについては「おら、山仕事してるが、朝、弁当忘れても戻らねども、タバコ忘れたら絶対に戻るな」という答えに、タバコを減らすこと、やめることの難しさが如実に表れてもいます。アルコールの害は深刻なものがありますが、今後も一生お付き合いをする人たちです。

私は検診の際の話の導入として印象に残るように言います。「お酒を飲むなと私からは言いません。ただアルコールがどういうものかを知らせる役割りを持っています。みなさんはご自分のデータとともに覚えておいてください」。後にある男性が「あの時の肝臓と糖尿病の話は怖かったなあ」と感想を言ってきましたが、アルコールが減ったかどうかは聞きませんでした。

「みなさんは何歳まで生きたいですか」と聞くと、「死ぬまでよ」と名言を吐きます。では「何歳で死にたいか」と聞くと「うーん」と唸ります。「願望でいいから何歳まで生きたい」と続けて聞きました。するとある30代の人が「俺は60歳まで生きたい」、「俺は80歳だなあ」と50代の人。「んだなあ」と他の人も。100歳という声は出ませんでした。まだ100歳村民が誕生していなかった頃の話です。

「どこで死にたいか」という質問に対しては「家で」という答えが多く、「じゃあどんな風に」と聞くと、異口同音に「ポックリと」と答えます。これはどんな場所で聞いても同じような答えが返ってきます。

東京の健保組合の学習会に呼ばれた時も同じような回答でした。

さらに「みんさん、それではこれで人生の最後の目標ができましたので、それが達成できるための人生を作っていきましょう」と言うと、「マカロニはいやだ」「ボケるのもいやだ」「そんな風になったら殺してくれ」など賑やかになります。健康を自分の生活中で、自分の肉体や精神、心理で捉えることが必要です。

そして「衛生教育」の最後にお話しました。「私は保健婦の仕事の中で、村民のみなさんの暮らしと生き様をじっくりと見させていただきました。その中から私が得ている情報をみなさんに伝えます。ポックリと死にたいというみなさんの願望を実態に照らしてみると、現時点では85歳を超えなければなりません。もう80歳でも、ましてや60歳でもポックリとはいきません。木で言うならまだ生木です。事故か病気でなければ人生を終えられませんし、それでは苦しみが大きいです。ですから自分の体を十分知っておいて、85歳の線まで生きましょう。その時点で自分の身支度と食事とトイレを自分でやれるようにしておきましょう。途中でいろいろあるかもしれませんが、85歳前の生木の状態であるということは回復を可能にするということです。あきらめず、前向きな人の姿は美しいものです。そして常に自分をいたわる心は家族への思いやりになり、温かい家族関係ができ、そういう人間関係はみなさんの心配するボケ（認知症）も防ぐ作用があります。自分の体を知り、前向きに生きることはよい人生をつくることになりはしないでしょうか」

もうあれから20年以上が経ちました。ドック検診の「衛生教育」を受けたあの人たちはどうしているのでしょうか。30代の人は今は60歳ごろだし、50代の人の人生はどうなっているのでしょうか。

前向きであってほしいと願うばかりです。

保健委員は保健婦のパートナー

保健委員の前身は保健連絡員です。その経過を当時の発案者であった増田進先生の文章で以下にご紹介します。

……………………………………………………

挙村体制による健康管理について（「保健文化賞30年のあゆみ」より抜粋）

増田進（岩手県沢内村沢内病院院長、岩手県沢内村健康管理課課長）

沢内村には保健委員会と称する会が2度誕生しました。ひとつは、昭和32年に故深澤氏が村長に就任したさい、以後の保健活動の計画立案のため設置招集したもので、昭和35年に沢内村健康管理研究会が発足するにおよんで廃止されたものと、他のひとつは、昭和42年に従来保健連絡員としてあった村の組織を改めて、保健委員会として発足したものです。ここであげた保健委員会は現在も続いている後者です。

それまでの保健連絡員の制度は、村の指名制で、保健活動の各種の通知を配るとか、検診会場の掃除をするといったように、健康管理課の住民サービスの単なる補助役でしたが、私たちは住民への活動を通して、むしろ必要なのは住民の手伝いではなくて、住民の盛り上がり、そしてその意見であると思ったのです。また、村内の部落によって、活動の活発な組織や団体が衛生組合のこともあり、婦人会やPTA、若妻会であったり部落差があり、単に行政組織を通じて働きかけるというやり方では本当でないと考えたのでした。そのため各部落ごとに保健に関する責任者を選んでもらい、部落独自の活動を活発にしてもらうとともに、住民の意見を私たちに伝えてもらうという役割りの保健委員会を作ったのでした。

保健委員は村内の14の行政区から1名ずつ、区長・衛生組合長・婦人会・若妻会・老人クラブ・公民館長等により選ばれますが、現在ではすべて各部落の婦人会の幹部になっています。保健委員は年棒制で、毎月簡単な月報を健康管理課に出していますが、その中には非常に貴重な意見も見られます。今ではいわば保健行政モニター的な役割りも果たしているといってよいでしょう。

保健委員会は、定例として年4回開かれ、会議の他に講習などを行っていますが、会議の内容は、健康管理課の事業の検討、検診内容等への住民の希望や質問、検診日時の決定、村立病院への住民の要望等、村の保健・医療全般の討議が行われます。なかでも特に成人病検診において、その内容の質疑や、一般に検診者側が一方的に決めている検診日の、保健委員による決定はその地域への効果に大きな力があったと思います。

保健委員は健康管理課、特に保健婦にとっては欠かすことのできない組織です。特に健康管理課の年度計画をたてる時、事業によってはどうしても各地域の住民の事情がわからないとうまくいかないものがあり、適切な保健委員たちの助言や提案により、大事な事業が順調に進むことが多くありました。

地域の事情が分からずによかれと思ってたとえ真剣に行政が取り組んだとしても成果につながらず「理解がない」等と一方的に住民を批判することもあり、それはもったいないことです。なぜ保健連絡員から保健委員にしたのかは、住民組織を持っている担当課は時々、これでいいのかと反省して見ることが大事だからです。住民組織を隠れ蓑にしたり、都合よく手足に使ってはいけません。

保健委員の提出してくれる月報がとても大事で、チェックして課内で回覧して終わりではあまりにももったいないと思い、上司に承諾を得て冊子にしました。保健委員さんたちは健康管理課に質問や問題提起をしてくれます。それに対して答えを書いて、他の保健委員に共有してもらおうと思ったことと、ある保健委員さんの課題が他の保健委員の課題でもあったり、取り組んだことが他の保健委員さんたちの参考や刺激になるということを望みながら時々、発行しました。折には先輩の保健委員の手記や深澤村長の言葉なども載せました。そのうちに自分が時間が取れなくなり発行が止まってしまいましたが、一定の役割りは果たせたと思います。

県の圧力に抗して

沢内村で生命行政が始まり、それからもう50年が経ちました。その間に2005年11月に町村合併があり沢内村は無くなりました。その頃、岩手県は採算が合わない自治体病院は国のガイドラインに沿ってベッドを減らし、診療所扱いにする方針でいました。しかし沢内の人たちは、沢内病院は無くさないで欲しいと強く願っていました。当時の県知事は今も知事を務めていますが、県議会で土下座までして、なんとか県立病院のベッドを減らさせてくれと懇願していたほどです。ところがその後に、あの大震災が来るわけです。当時のままでも不十分な医療施設でしたが、だからこそ病院にはベッド数を置いておかなきゃいけないと県議会の意見がまとまりました。その後の達増知事は、特に沿岸の県立病院の充実に向けて頑張っています。

沢内みたいなところは、岩手県の端の端ですから、どこかの町で入院して帰ってきた時にベッドが無ければ、すぐに医療難民になってしまいます。しかも豪雪で家の中以外は全部雪で埋まるわけです。そんな場所で、そういう冷たい政治をすれば生きていけません。とにかく診療所化するというのですが、診療所になると住民の健康は守れません。どんどん高齢化が激しくなっていて、1955年（昭和30）頃はピラミッド型だった人口構成が、今はキノコか唐傘になっています。そういう地域ではいくら頑張って健康を守ろうとしても病気になります。特に80歳、90歳などになってきますと。まして沢内には100歳以上の人がいっぱいいます。でもやはり寿命ですから病気にはなるし亡くなります。そういう時にベッドが無いなんてことは、とんでもないことです。

だけど議会にはいろんな人がいます。一番効き目があったのは、地方交付税がどれぐらい交付されるかということです。診療所になると1000万円くらいしかこないわけですが、病院になると40ベッドですけど1億1千万円来るそうです。さすがに議員もこの金額を見ると、どっちがいいかわかるようで、これが一番説得力がありました。そういうことで今は、両方の町民の対立が無くなり、開業医だけだった湯田地域の人たちも同じように利用する町立西和賀さわうち病院になっています。

日本共産党に出会う

さて私は現在、西和賀町で日本共産党公認の町議会議員をしています。共産党に入ったのは県立一関高等看護学院時代に、精神病院で新薬の人体実験が行われてることを暴露した労働組合の人たちの姿を見たことがきっかけでした。私の実家は社会党支援の家でしたので、そんなに遠い話ではありませんでした。でも社会党と比べると、歴史的にも理論的にも、そして将来展望も共産党のほうがきっちりしているということがわかりました。ただ当時はまだ、共産党の活動をしていると警察から目をつけられることもあったようで、共産党のポスターを貼っていたりすると「ちょっと」と呼び出されたという話も聞いていましたから考えましたが、「えいっ」と思って入党しました。

卒業を間近に控えていてすぐ盛岡の県立盛岡保健婦専門学院に行きましたから、組織的な活動はできませんでした。その1年後に沢内村になんの考えもなく行ったのですが、党組織はありませんでした。私が党員だというのはあちこちから漏れてわかってたらしくて、「いやー、実は以前に共産党のこういうすばらしいお医者さんがいたんだよ」と課長補佐に言われました。それがまだ病院ができていない時の花巻厚生病院沢内診療所に北上市から来られ斎藤龍雄先生とアヤ先生という医師のご夫婦でした。2年ぐらいおられたそうで、アヤ夫人のほうが早くから来ていて、軍服をびしっと着た美人の女医さんだったそうです。眼科の先生でしたが、私はおばあちゃんたちから「あの奥さんね、往診してくれたよー。なんでもやってくれたすばらしい先生だった」と聞かされました。また斎藤アヤ先生の論文が後に深澤村長がすすめる村民の教育や病気の予防に大きな影響を与えたと言われています。終戦後にアヤ先生のもとに龍雄先生が復員され2人で医療をしたそうです。

その斎藤龍雄先生がいたときに、深澤村長が一時的に沢内に戻った時期があり、龍雄先生と深澤晟雄氏と、後に村長になる太田祖電氏の3人が戦後青年の教育に取り組んでいくことになります。理論家肌の深澤氏が驚くほど龍雄先生の共産主義の話は論理的に整然とされてたそうです。

その教育の中で深澤晟雄が新しい日本国憲法の講義をしたそうで、その時の原稿が最近見つかって本になって、現在の深澤晟雄資料館に展示してあります。また宗教や哲学、政治などを学ぶ青年がたくさんいましたが、その中の1人が北島暲雄という後の若手議員でした。彼は深澤晟雄が村長になったときの議員でしたが、村長が亡くなった後に、議長になりますが徐々にいわゆるボスになっていきます。

村長の老人健康管理無料診療の論理

深澤村長は1965年（昭和40）1月に亡くなります。私は村長が亡くなったために、沢内に行くことになったと思っているんです。というのも、深澤村長が亡くなったので冒頭に紹介した本が出版され、それを読んだ私が行ったわけですから、村長が亡くならなければ行かなかったかも知れないという、運命といった感じですね。

ところで、深澤村長が老人医療費無料化を提唱するときに、その若手バリバリの北島議員が、国民健康保険法に違反するんじゃないのかという県の考えを問題にし反対の意見を出します。同様の考えの議員は他にも何人かいましたが、「見解の相違」だとして退け、更に深澤村長は「末端の国民健康保険法には違反するかもしれないが、憲法には違反しない」とも主張して無料化に踏み切りました。またみなさんご存知の方も多いかと思いますが、深沢晟雄は村の奨学金を借りて医師になるために大学に行った人でしたが、医師になるのは嫌だったそうで、大学では法学を学んでいます。それがここにきて役立ったのかなと、結果を見れば思いますけど、そういう論立てでみんなを納得させ実行しました。ですから無料化とは言わずに、老人健康管理無料診療と言っていたそうです。いずれにしろそういうことで老人医療費無料化がスタートしたわけです。

深澤村長亡きあとの村

深澤晟雄が1965年（昭和40）に亡くなり、その時の村議会議長だった久保敏郎さんが次の村長になります。彼は深澤村政を引き継ぐと言いながら、自分なりの村づくりをしたいという考えも持っていました。そして議長職を引き継いだのが、当時の若手議員だった北島暲男議員でした。私が沢内に来た1968年（昭和43）にはすでに議長でしたが、彼はそれからずーっと、2004年の合併する前の年に議長のまま亡くなりましたが議員としては50年です。

革新的な青年時代の教育を受けながらもボス化していく時代でもあったんでしょう。経済が上向くとさまざまな公共工事が行われ、僻地でありながら村や村民、職員を威圧した議長職が行われていました。

そういう中、私たちの課長でもあり院長でもあった増田進先生が、町長の選挙に関わったという理由で、新しい村長から行政処分を受けます。実際には関わっていなかったのですが、それでも関わったということにされておりました。私は議員になったときに、当時の村長の家に行き「増田院長はこの沢内に来て村民の命守って30年になった。表彰されることはあっても処分するとはどういうことか」と1時間くらい話しました。そして「そういうことは解決するように」と言い、同じことを議長にも言いました。「増田先生が辞めると言っているが、それでいいのか」と。議長の発言が大きい力をもっていましたので家にあがり込んで「誰もができることでないから議長がやるしかないから」話し合うようにと議長に迫りました。議長は増田先生に辞められたら困るというので、話し合いを段取りしました。結局先生が辞めない形で落ちつきましたが、なかなか議長の腰が重いので私が議会で取り上げるがどうかと言いましたら、やっと解決しました。でもいろんなしこりがその後残り、合併前の1999（平成11）年に増田先生が退職し機構改革で健康管理課が無くなるという事態になりました。町村合併は2005（平成17）年です。

このように沢内病院危うしという状況でしたので、誰かが議会に行って必要なことを言わなければならない。でも誰が言うのかとなった時に、やっぱり共産党でないとダメだからということで、一番古い私がやりましょうということになり議員になった次第です。

町議会議員になって

ところがそれ以前に、私は心を病んでしまっており大変な状態でした。元々はすごい楽天家でしたが、心の中にある葛藤、精神的な傷が大きくて、文字が書けなくなっていました。代々木病院の中沢正夫先生のカウンセリングを受けたほうがいいと言われました。先生とは保健婦の組織でよく知ってる間柄でしたが、私の辛いことを言わないといけないので最初は躊躇していたのですが、言ったほうがいいと言われてようやく電話しました。すると先生は「おお」なんて言いながら、私の話を聞いてくれましたが「なに、それはさー、あんたが沢内のことをちゃんと書いて整理すればそれでいいんだよ」と言われ、全然治療にもなんにもならないんですが、でも胸の中のわだかまりが書くことによって正されていくのかと思われ「ありがとうございました」と電話を切りました。でも書けないんだけど…と。そうは思いながらも、さすがあれこれ聞いたりはされないんだと感じました。その後はカウンセリングを受けることはありませんでしたが、お会いすることもあり、元気を確認して下さってるようでした。それから組織や夫の支援も受けながら議員活動がんばっていました。

そのうち4年ぐらい経つとようやく文章が書けるようになったんです。そこに『議会と自治体』(日本共産党発行、第33号、2001年2月号)という雑誌の編集部から、「沢内の歴史」をテーマにした原稿の依頼がきました。「いやあ、書けないよ」と状況を説明したのですが、まず一度書いてと言われて書きました。編集者に見せて「ダメでしょう」と言うと「ダメだね。もう一度書いて」と言われ、思い直して書き直すと「ああ、これだったら大丈夫だ」ということになり、それがリハビリの第1号の原稿になったんです。自分でも楽天的なところに救われました。

議会ではとにかく日本共産党の議員は、きちっと住民を代弁して議論するという立場ですから、一般質問は毎回いろいろな問題を取り上げてやってきました。ただなかなか自分の民報は出せないんですよね。私は保健婦時代は新聞づくりは三度の飯よりも大好きでしたが、それが一切作れなくなっていました。でも助けてくれる人もいなくて、たまにしか出せないっていうような状態でした。それでも最近はいくらか出せるようになってきています。歳も重ねるにしたがって、感受性も鈍くなるのでこれは助かるなと思ってます。突っ走ろうにも走れなくなってくるので、今はこの状態でちょうどいいかなと思ってます。

生命行政を感じながら生きてきた村

今回も一斉地方選挙に出るにあたってはほんとに悩みました。家族からは見るに見かねて「止めなさい」って言われました。特に冬はあの大雪ですから大変です。車庫から車を出すのに30分も雪かきをしないと出せないような地域ですから。今、西和賀町の人口は、かつての沢内村の人口程度になっています。当時からは半減しています。若い人たちがほんとに少ない。

でもその一方で、90歳、１００歳の人たちはいっぱいいます。これはこれですごいことです。誰だって元気で長生きはしたいですからね。それは達成されてきたけど、でも若い人たちが出ていくし、居たくても仕事が無いのが実態です。これは社会的なことで国政の責任です。私たちに責任は無いことですが、それでもここの人たちは、かつての生命行政を感じ取って、その中で生きてきました。生命行政が自分の財産になっている人たちです。だからこれを誰も手放そうとはしません。

今の町長は湯田出身の人で沢内の人ではありません。ですから1期目の選挙の時は、生命行政のことなどは全然言わず、主に産業の発展のことを言っていたこともあり落選しました。そのときは沢内の人が当選したのですが、その町長はご年配の方でしたので引退し、次の選挙では今の町長は真っ先に沢内病院を守ると掲げて、当選しました。湯田と沢内は有権者は半々ぐらいです。だから半分の沢内の人が選挙で支持しないと落選してしまいます。沢内の人はものを言わない岩手の人間なんだけど、そういうときにちゃんと態度で示してきたということです。

やっぱり病院は大事だし、老人医療費無料化も財政が大変だけどもできるだけやって下さいという思いなんです。自分たちがそういう恩恵を受けてきたのに次の人たちにそれがなかったら申し訳ないということです。だから行政として、今この時点で何をするのかというときに、西和賀町の場合は誘致企業もなくなったので、そこに住む人たちが最後まで自分の人生を生き切ることを支えるということが大事です。

そして今、議会も変わってきました。私もいろいろと言ってきましたが、それにみんなも現実を見て、高齢者の買い物が大変だ、病院に行くの大変だとかね、みんなで競い合って議論するようになっています。だから、私はもうあまり言わなくてもいいかなと思っているんですけどね。いつまでもやっていたくないのですが、でも若い人が少ないのが悩みの種です。後継者がほしい。

当時岩手県には62の市町村がありました。その中から真っ先に沢内村を選んでやってきた。本当は一生を保健婦として過ごすつもりでいたんですが、こうして半世紀も経てばいろんなことがあります。これから先は語り部になって、政治とは何か、行政は何をまずしなければいけないか、それは憲法や地方自治法にも、公務員法にも書いてあるわけですから、きちっとそれをやってもらうことを見ていきたいと思います。憲法25条をきちっとやってもらうことです。

終わりに――恩師の教えと生命行政

それはそうと〝何で私が不合格だと思った一関高等看護学院に入学できたのか〟ということについてですが、それは一関市で開かれた酒井清澄院長を囲む同窓会に出席した時のことです。沢内村の保健婦になって19年後、入学後23年も経ってのことでした。先輩、後輩も合わせて十数人の会でしたが、順に近況を報告し合い私の番になって立ち上がったところ、急に院長が私に向かって尋ねられました。「あんたはね、どうして入学できたのかわかるかね?」。私は合格が昨日のことのように思い出され「先生、どうしてだったんですか。今まで不思議だ不思議だとずっと思っていましたが、どうして入学できたんですか?」と逆に尋ねました。先生は視線を遠くに向けて「それはね、あんたは面接と作文でとったんだよ…。私は今でも覚えているよ」と話され、すぐに笑顔を私に向けて、あとは何もおっしゃいませんでした。「そうですか…そうですよね…」と私も継ぐ言葉がなく、そのあとは近況を語り座りました。

みんなの前での一瞬のやり取りで、他の人は何のことやらわからない様子でした。私は自分が作文で何を書いたのか、面接で何を語ったのか、全く覚えていませんでしたが、その後もなぜか今思うとそれも不思議ですが、院長に聞こうとはしませんでした。お亡くなりになるまでお付き合いしましたが、お互いその話はそれきりでした。

定時制高校の小野寺弘先生は、退職時に教育実践の本を出されて1冊いただきました。私の母校の時にもその後も、タイガーというあだ名があるほど、良くないことは徹底的に正し、導こうとされて保護者も厳しく指導され恐れられていましたが、荒れた高校を素晴らしく立ち直されていました。

私は先生の優しい表情しか覚えていません。本を読むと私がお会いしたのは長い教員生活のわずか2年間で、まるまる2年お世話になったことを不思議に思います。退職された後、江刺市の教育長を務め、沢内村の教育長が会合で私の様子を聞かれたとたびたび教えてくれました。一度先生に呼ばれ食事をした折、私がわずかのお金でしたが「学業で困っている子どもに使ってください」と渡そうとしたら、「あなたが仕事を通してそういう子どもたちに手を差し伸べなさい。その方が私もうれしいから」と私の手を戻されました。先生からたくさんの思いやりを受けたことを思い出し何と言ったらよいか分からず、「はい、わかりました」とだけ答えましたが、恩師の心の深さを覗き、何でこんなことが、こんなに長い年月できるのか、たくさんの教え子がいるのにと思いながら「人格」という言葉も思い浮かんできました。

小野寺弘先生については、沢内村の乳児死亡ゼロを達成させてくださった石川敬治郎先生が「僕の恩師でもある」と言われ、「和子さんと共通の恩師がもう一人いる。それが酒井清澄先生だ」と2人で共通の素晴らしい恩師に恵まれたことを喜びあいました。もちろん半世紀に渡りお世話になった石川先生も私たち、そして村の恩師です。「子どもこそ原点」ということを私たちに残されました。

どれも昨日のようで遥か時の彼方のことですが、人を育てることの尊さと温かさと厳しさを感じます。自分を振り返るとなんと小さいことかと痛感しています。せめて生命行政の後の現場の姿を残したいとしきりに思っている今日このごろです。

※本稿は2017年近畿社会保障学校での講演に加筆・修正したものです。

第3章　西和賀町の生命尊重行政の歴史と今

高橋典成（ＮＰＯ法人輝け「いのち」ネットワーク代表）

生命行政は過去のことではない

今日は、日頃私が考えていることをみなさんにお話させていただきますので、逆にみなさんのほうからも議論していただければありがたいと思っております。

さて、深澤晟雄沢内村長が生命尊重行政、すなわちいのちを大切にする行政を進めたのはそれはもう「半世紀前の過去のことだ」という見方もありますが、私はそれはそういうことではなく、彼の想いや理念を今、実際に西和賀の暮らしの中にどう生かしていくのかということが大事だと思っています。そういう意味で今日は「歴史と今」というお話のタイトルを付けました。

深澤晟雄が村長に就任したのは１９５７年（昭和32年）で、今年がちょうど60年目になります。深澤晟雄村長の生命尊重行政が始まってから60年という一つの区切りの年です。現在私は、ＮＰＯ法人輝け「いのち」ネットワークの代表をしており、その活動には二つの思いがあります。

一つは、子どもの「いのち」が輝く活動をしようということ。もう一つは、沢内の生命尊重行政をある程度まとめ研究し、次の世代に生かしていくということで、それを私たちのＮＰＯで取り組んでいます。

深澤晟雄村長（1905年～1965年）提供：ＮＰＯ法人深沢晟雄の会

西和賀町生命尊重資料集案内チラシ（すいれん舎発行）

お手元の資料に『西和賀（旧沢内村）生命尊重資料』（すいれん舎）のチラシがありますが、このような資料を作るというのも大きな役割の一つで、1年かかってこの資料集が出来上がりました。全9巻で価格はかなり高額になるのですが、沢内の記録資料をこうして一堂に集めたという点ではとても貴重なものです。

これを作るのにNPOとしてさまざまな資料提供をはじめ、いろんな形で協力をしました。こういう活動も次の世代に生命尊重行政を伝えていくことになると考えました。深澤晟雄が村長に就任して60年目という区切りの年にこのような資料集が出来たということをまず報告させていただきます。

豪雪、貧困、多病・多死

さて、深沢晟雄は約8年間（任期の終盤に

病死）村長をやったわけですが、その村づくりの実践にはいったいどんなことがあるのかということです。１９６５年（昭和40）ごろの様子については、先ほどのＤＶＤの中でおよそ沢内村の状況については理解いただいたと思います。当時の沢内村は人が人として生活するにはとても大変な状況であったということだけは理解いただけたと思います。

今放送されているＮＨＫの朝ドラ「ひよっこ」の主人公、みねこですが、あの年代からすれば私と彼女は同級生です。１９６４年（昭和39）東京オリンピックがあった時に高校３年生というそういう場面設定がありましたが、ちょうど私も高校３年生の時に東京オリンピックでしたので、まさに同級生です。ドラマの中に「集団就職列車」とか、「金の卵」という言葉が出てきましたが、東北の方からもどんどん中卒で東京に出ていくという、そういう時代でした。ですから雪がいっぱい降り、貧しい中では、ごく当たり前のことだったと私たち自身も思っていました。

そんな時、深澤晟雄は沢内の野蛮条件が三つあると言いました。それが、雪があまりにも多すぎるということ（雪のために交通が途絶える）、貧困・貧乏であること（生活保護すれすれの生活）、病気が多いということ（乳幼児死亡最多、高齢者が医者にかかれない）。この三つの課題があるということを、村民の中にはっきりと言い、沢内村はこれをまず何とかしなきゃならない、それを沢内村民としての目標にして頑張っていくことにしました。まず、課題を明らかにしたということが村づくりの基本にはあるのかなと思ってます。

また、赤ちゃんが１００人生まれれば、７～８人は亡くなるという状況であり、お年寄りが病院にもかかれずに枯れ木が朽ちるようなかたちで亡くなっていくというような状態があったということです。ですからまず、なんとか医者にかかりやすい条件づくりをしようということ、それを具体化するために医療費の無料化は生まれてきたのかな思います。

老人医療費無料化を実現

こうして１９６０年（昭和35）に65歳以上の医療費無料化が実現し、翌年の4月からは60歳に年齢を下げ、そして乳児まで拡大していきます。

ところがこの医療費の無料化の話をすると「沢内貧乏だっていうけども、意外と金があるからやったんじゃないの」というような、そういう話をよく耳にします。しかしそれは全く逆で、もう医者にもかかれないという状態で、本当にやむにやまれず無料化を行ったわけです。ところがこの医療費の無料化について岩手県に相談をすると、国民健康保険法という法律にこれは違反することなのでダメだと言いました。その当時の国民健康保険法、１９６０年（昭和35）の国民健康保険法には自己負担が半分だと、2分の1が自己負担なんだということが書き込まれているわけです。この自己負担分を村が肩代わりすることにより無料化を実現できるのです。自己負担と書き込まれていることを無料にするのは法律に違反することだということで、そういうこともクリアしながら進めてきたわけです。「本来は国民の生命を守るのは国の基本です」と言い切ったのです。

ところで、今の安倍政権には憲法を否定しようとする、そういう姿勢が見えますが、当時の深澤村長は生存権を盾にして最高裁まで闘ってもいいという、そういう信念があったわけです。ですからそういう意味では、今の村民にとって何が必要かということをきっちりと示したし、そのことを自分自身が先頭に立って実践をしてきたのです。医療費の無料化を単なる人気取りで行ったのではなく、やむにやまれず沢内に住んでいる村民の実態から考え、健康で文化的な生活を守っていくためには絶対にこれが必要なんだという、そういうことから出発したということです。

沢内方式と「三せい運動」

その結果、沢内方式という言葉が生まれましたが、沢内の特徴は予防に中心を置いてきたということです。私流に言えば、病気にかからないようにするのも病院の役割だという、その視点が大きいと言えます。その意味は、増田進先生など病院の先生たちが「沢内病院と村民の住宅が渡り廊下でつながっている」と言っていましたが、そういうことだと思います。病気にかからないようにするということは、それはただ単に治療する場所が病院だということじゃなく、治療オンリーじゃなく、病気にかからないようにすること、言ってみれば健康教育や予防に力を入れるということです。また例えば、退院した後のケアも含めて、それを全体的にとらえ全村民、全世帯が対象となる、その核になるのが沢内病院だという意味だったのだと、そんな感じがします。これが沢内の特徴でした。

これを取り組んでいく時のスローガンが「三せい運動」というものでした。この三せい運動とは、賛成反対の賛成ではなく、三つのせいということです。つまり、一人ひとりがせい、話し合ってせい、皆でせいという、この三つで「三せい運動」ということです。一人ひとりがせいということは、合一人ひとりの自主性・主体性を持ってもらおうということが狙いです。次の話し合ってせいとは、合意形成をするためには、話し合いが基本になるということで、話し合っていろんなことを決めていこうということです。そして、皆でせいとは、話し合いで決まったことは、皆で実行しようよということです。一人ひとりの主体性を尊重しよう、全て話し合いで合意形成を図ろう、そして決まったことに対しては皆で実行していこうというのが、この「三せい運動」でした。

これがスローガンでしたが、よく考えてみれば、これは民主主義の原則です。つまり民主主義の原則、これが村づくりの原点であったということです。先ほど午前中の話にもありましたが、婦人会、つまり女性が変わらないと村が変わらないということです。それから地区の公民館ごとで話し合いの場を設定すること。ですからこれは広報活動じゃなくて、公聴活動だということを深沢晟雄はよく言ったそうです。多くの人たちの意見をきっちりと聞いていく、そういうことでした。

たとえば首長であれば、県庁に行くとか、あるいは霞ヶ関に行ってお金をもらってくるのが首長の責任だということが一般的でありますが、深沢晟雄の場合はそういうことではなくて、地域に出かけて地域のいろんな課題を拾い上げるということをしてきました。私はこの姿勢、つまり中央だけを向くことでなく住民に依拠することが沢内の生命尊重行政の基本となってきたことじゃないかなと思います。

確かに医療費の無料化や沢内病院を定着させたということはあるわけですけれども、根っこには村をどうしていきたいのかという地方自治の理念、考え方ですが、それを明確にして進めてきたところに、深沢晟雄の偉いところがありました。このことは半世紀が過ぎた今でも確実に私たちに何が大切かということを教えているような感じがします。そういうことをベースにした村づくりの実践があるということです。

全国に影響与えた沢内の実践

さてここで、沢内村の実践が全国にどのような影響を及ぼしたかということを整理してみましょう。

①高齢者医療費無料化

沢内は沢内としての歩みがあったわけですが、それが全国的にどういう影響を及ぼしたのかということです。その一つが何よりも高齢者医療費の無料化でした。沢内が始めたことが全国に広まりました。沢内では1960年（昭和35）に始まりましたが、その後は東京都も美濃部都知事の時に無料化が行われ、さらに国の制度になったのが1973年（昭和48）です。深澤晟雄の信念は「本来国民の生命に関わることは国の責任だ。国がやらなきゃならないことなんだ」ということであり、国がやらないのであれば沢内村がやりましょうということでした。さらに深澤は「いずれ国は後からついてくる」という名言を吐いています。その結果、深沢晟雄の言ったことが実現されるわけです。こうして本当に小さな小さな沢内、本当に貧しい沢内村が医療費の無料化をやった。それが国の制度になったのです。

ところがその10年後、1983年(昭和58)に、みなさんもご存知の老人保健法という法律ができて、一部有料化になります。こうして国の制度はわずか10年で立ち消えになるのですが、沢内村はその後も続けていきました。

②保健と医療の統合

それから二つ目としては、先ほど沢内病院には病気にならないようにする役割があるという話をしましたが、その保健と医療の統合ということを沢内が初めて行っています。健康管理課というセクションが１９６３年（昭和38）に設置されるわけです。その課長は病院の副院長が兼務して、予防と医療と退院ケアが一体化するということです。今では保健医療福祉が一体的にやっていくというのは常識ですけれども、それをあの当時にきっかけを作っていたということです。ところが沢内では後の２０００年の介護保険がスタートする前年に健康管理課が無くなっています。要は保健のセクションが医療と連携をしていたという意味での画期的な健康管理課でしたが、介護保険を下支えする役割を担うことになるのです。

今まで保健という分野は医療と連携しながら進めてきました。ところが今度は福祉、その一分野の介護保険と連携をしていく保健福祉課になっていくわけです。保健師の仕事がメタボ検診など介護保険の事業にシフトしていくということが私から見れば結構あったかなということです。介護保険という制度、それが悪いということではありませんが、沢内の今までの生命尊重行政といった視点で見れば、沢内の考え方を変えてきたきっかけが介護保険であったと思うのです。後でまたお話したいと思いますが、ここでは二つ目に保健と医療の統合ということで全国に影響を及ぼしたということを理解してください。

③住環境の整備

それから三つ目としては、住環境、住まいに目を向けてきたということがあります。１９６５年（昭和40）当初のことです。神戸大学の名誉教授で日本居住福祉学会の会長であった早川和男氏（2018年7月死去）は「住居は福祉の原点である」、そして基本的人権であると居住福祉の理論の中で述べています。

その当時、昭和30年代の沢内の住居は茅葺き屋根でした。先ほどの映画でご覧いただいたように、とても大きな家です。夏場はすごく涼しくて、昼寝をするには最高なんですが、ひとたび冬になると大変です。隙間風が入ってきてとても寒い。また窓が無い。雪が降りますので少ない窓も雪囲いをしなきゃならない。真っ暗で寒い。それから煙いということもありました。当時は薪ストーブが無く、囲炉裏で薪を燃していました。それが暖を取る手段で、毎日キャンプファイヤーを家の中でやってるような、そういう感じでした。だから煙い。

寒いということは、高血圧や脳卒中などになりやすかった。病院の先生が往診に頼まれて行っても、とても寒いので患者を裸にして聴診器を当てるということができなかったそうです。家の中で風速何メートルもあるというような笑い話があるくらいでした。そういう寒さの問題があった。

また、家の中に日が入らないということもありました。日が全然入らないから真っ暗です。すると病気としてはくる病になってしまう。沢内だけじゃないですけどくる病は多かったです。さらに煙いということでトラコーマなど目の病気も多かったそうです。このように早川先生から言わせれば、夏場は良い住宅でも、ひとたび半年間の冬ということを考えた場合は、病人を作る、病人製造の場所で、居住環境が酷かったということです。

その一方では医療費の無料化をやってるわけです。それは病院に行ってもお金が全然かからないという制度です。しかし住んでいる場所は大変過酷で、放っておけば病院が拭きだまりみたいに患者で溢れてしまうことになります。それを防いだのが沢内の場合の住宅作りで、とても評価されたわけです。

こうしていち早く住環境に目を向けて改善に進んでいきました。まずは病院の医師と大工さんたちのチームで、当時の沢内病院の看護婦宿舎、そこは今は深澤晟雄資料館になってますが、冬を考えた積雪寒冷地のモデル住宅として建設しました。その特徴は高床式にして屋根を急勾配にしたことです。そして南向けに窓をいっぱい取り、、光がどんどん入るようにしました。急勾配の屋根は雪が積もっても自然落下します。高床ですから雪かきもあまりしなくていい。そういう寒い豪雪地域のモデル住宅を作り、それを普及していったということです。

積雪寒冷地のモデル住宅として建てられた当時の看護婦宿舎は現在は深澤晟雄資料館になっている

そのことを振り返りながら今のことを言えば、建築の分野と福祉の分野が連携をしていくことは当たり前のことになってますが、昭和38年当時に沢内が住宅問題に取り組んできたということは珍しいことだったと思います。その後はこれがさらに進み、1971年（昭和46）には散居状態の家を集落ごと1カ所に集団移転をするという「集落再編成」の事業も行われています。実は私が今住んでいる地域ですが、そこは元々幹線道路から離れた地域で散居状態でした。隣の家まで行くのに500mもあるという、そういう集落を幹線道路近くに再整備をしていくということが行われました。これは後に2011年の三陸大津波の時、大きな被害を三陸沿岸は被ったわけですが、その時の高台移転という構想の参考にされています。このように、居住環境は大事なことで、それと保健医療をすでに昭和30年代の後半から結びつけて取り組んできたということ。これも大事な視点として全国に発信をしてきたということです。

余談ですが今、福祉の分野で福祉サービスということが盛んに言われます。例えばホームヘルパーを増やさなきゃならないとか、デイサービスを充実しなきゃならないとか言われます。もちろんそれはそれで大事なことですが、それに加えて住んでいる場所とか地域環境、つまり物理的環境条件をどう整えていくのかという視点が抜けているように見えます。本来、福祉を考えていく時は、安心して住める地域、安全な地域作りという視点、ただヘルパーを増やすとか、福祉サービスを増やしていくということだけじゃなく、住環境の条件を整えていくことが非常に大事なことだと思います。国がそれを言わないのは、お金がかかるからというだけの話で、本来的には福祉サービスとは居住環境をきっちり整えていく、住宅を住みやすいようにしていく、それを基盤にするところにこそ目を向けていくべきではないでしょうか。沢内の住宅作りがそのことを教えてくれているような感じがしますがいかがでしょうか。

④地域包括システム

四つ目に挙げているのが地域包括システムのことです。今、地域包括体制づくりということが大きな話題になっています。地域丸ごととか、共生社会を目指していくということが行政から強く発信されています。そういうことは当たり前のことでそのこと自体は大事だと思いますが、しかしちょっと待てよという感じがしないでもない。沢内では1962年、昭和30年代の後半に地域包括医療実施計画というものを策定しています。この理念とはどういうことかということですが「健やかに生まれ、健やかに育ち、健やかに老いる」ということを目標に作られました。

人が生まれてくるから亡くなるまで、自然死に至るまでを包括的に考えていこうということです。この考えの下に、医療費の無料化、乳児死亡ゼロの取り組みをすすめ、子どもの問題から老人医療費まで公的な責任の中で行っていこうというそういう考え方です。ですから昭和30年代

38. 8. 25 毎日新聞

乳児死亡"ゼロ"の金字塔

県調査 和賀郡沢内村で記録

国保を10割給付

村ぐるみの努力みのる

死亡率平均は全国一

出所：「毎日新聞」昭和38年8月25日

後半に作られた沢内村の包括医療の実施計画の対象は全住民だということです。生まれてくるから亡くなるまで、全住民が対象だということと、そして医療費の無料化等も合意で公的なところが責任をもっているという考え方です。

ところが今の国が言っている包括とは、今後、高齢者がどんどん増えてくると私のような団塊の世代が75歳になる２０２５年あたりが高齢化問題がピークに達することになるので、国はあまりお金を出せないので、地域住民やボランティアで支えていく、そういう地域共生の社会を作っていくということです。地域住民が参加してやっていくことは大事なことだと思いますが、しかしそれに重点がおかれ、行政が手抜きをしていく、行政責任を回避するということではうまくないだろうなと思います。国が言う地域包括で抜けているところは、全住民を対象にしていくということと、行政がある程度責任を持っていくというところで、それは大きな問題です。

２０１８年は来年ですが、来年が介護保険と医療費の問題で、介護報酬・診療報酬の改定があり、負担がどんどん増えてくるということ、それからサービスが低下してくるということの入り口になり、大変なことになるんじゃないかと思います。ですからそういう意味で、地域包括、共生社会を目指していくために住民参加を促していくという、そのことだけに翻弄されてはうまくないだろうなと思います。そういう意味でも沢内がずっと取り組んできたこと、行政責任をベースにしながら住民全体で、全住民を対象とする方式が全国に影響を及ぼしてきたこととして、こういう点もあるかなと思います。

沢内村らしさが消えた時期

ところで、沢内村らしさが消えた時期がありました。それは1989（平成元）年ごろから、介護保険がスタートする直前までの10年間だったように思います。平成元年度、沢内病院の累積赤字が1億円を超えます。その頃から、村行政、村議会、現場の沢内病院に意識のズレが顕在化してきました。病院側は「病気を減らし村民の健康度を高めた。村民の1人当たりの医療費も減り国民健康保険会計も黒字だ。学校や消防署が赤字と言わないように、村全体の健康の収支として考えてほしい」と言い、村当局と議会は「財政規模が小さい村で、累積赤字1億円は大きい。もっと経営努力すべきだ。そして、病院検討委員会を設け赤字解消のための規模縮小も視野に入れなければならない」と言いました。

1992（平成3）年4月、沢内病院を取り巻く環境悪化を懸念した老人クラブ、婦人会、青年会の有志が「沢内村の保健・医療・福祉を考える村民集会」を開催します。私は老人クラブ連合会事務局長の立場で、そして地域福祉を推進する観点からも村民全体で考える機会が必要と思い企画立案から参加しました。集会には太田祖電村長、増田病院長が発言者として参加し、約300人の住民が参加し、「素晴らしい沢内村の医療を守ってほしい」という要望が相次ぎました。太田村長は「保健、医療の水準は下げずに、高齢者を中心とした福祉の充実に努力する」と明言しました。

また、全国自治体病院協議会が同年にまとめた経営診断報告書は「長年の検診活動の成果などで潜在患者は激減し、これが病院利用を少なくした。赤字問題は病院の経営努力のみで解決するのは困難。累積赤字問題は一応棚上げし、単年度ごとに村の一般会計から繰入し収支の均衡を図るのが現実的だ」と示します。この時点で、1人当たりの老人医療費は岩手県平均より16万円安く、村の国民健康保険会計は平成4年度で黒字額2千万円を超えていました。村民の願いと行動が沢内病院の危機を救ったのです。

この時期の行政改革の波は沢内村にも及び、人件費の抑制から保健師の減員、乳児死亡ゼロの拠点「母子健康センター」の休止（廃止）、沢内病院の経営合理化などが俎上に上がりました。住民の生命を最優先してきた深澤晟雄沢内村長の理念を行政に感ずることができなくなったのです。

1989（平成元）年の「高齢者保健福祉推進10カ年戦略」（ゴールドプラン）は、在宅福祉サービスを行政の縦割りで推進する結果となり、ホームヘルパー、デイサービス、ショートステイなどの目標量を設定し、それを全国一律で実行することだけが求められ、沢内村が今まで築いてきた保健、医療の実践、社会福祉協議会の地域福祉実践は重視されなかったのです。

そして1968（昭和38）年から続いてきた健康管理課が、1999（平成11）年に保健福祉課に変わりました。保健と医療の統合という歴史的役割を持ったセクションが、保健が介護保険を支える型に変化したのです。

こうして考えると、1990（平成2）年の社会福祉関係8法改正から2000年の介護保険スタートまでの社会福祉基礎構造改革の時期は「沢内村らしさが消えた時期」でもあったのです。

30年間の地域福祉実践の歩み

次に地域福祉の実践の歩みという点についてです。私自身、沢内村の社会福祉協議会（以下、社協）

に30年間勤めてきました。その中で地域福祉のどういう点をポイントとしてやってきたのかということをご紹介します。

沢内村の社協は、深沢晟雄が亡くなった翌年の１９６６年（昭和41）から全戸会員制でスタートしました。深澤村長の妻の深沢ミキさんが１人で専任職員として社協の活動をやっていました。その当時の社協の活動は何をしていたかというと、障害を持っている人たちの家族のために親の会を作ったり、母子家庭の人たちの組織化、民生委員との連携などをしていましたけれど、段々と仕事の量が拡大してくいく中で職員を増やす必要があり、私が１９７２年（昭和46）に入りました。

ですから私自身は、深澤晟雄という人は遠くから見るぐらいでした。高校3年生の時に深沢晟雄が亡くなっていますのでよく存じ上げていませんが、私は深沢ミキさんと一緒に15年ほど仕事をしましたので、奥さんを介して深澤晟雄という人のことを学んできたのです。そういう意味ではある程度、深澤晟雄の理念や行政の取り組みについては、他の人よりも知り得る立場にいました。

健やかに生まれ、健やかに育ち、健やかに老いる

社会福祉協議会の活動原則に「住民主体の原則」という考え方がありました。いろんな地域課題を抱えている人たちを中心に据え、地域住民がみんなで行政の力も借りながら主体的に課題解決に当たるという、そういうことが社協の基本的な考え方です。１９６２（昭和37）年の「社会福祉協議会基本事項」で示されています。これは「健やかに生まれ、健やかに育ち、健やかに老いる」という生命尊重行政の理念と重なりあうものでした。

ところがこの考え方が、介護保険へ助走する１９９０年頃から変わってしまい、福祉サービスの提供中心に変わってきました。それは住民主体という考え方ではなく、どういう風な表現になるかというと、住民の主体的活動ということです。１９９２（平成４）年、「新・社会福祉協議会基本事項」が定められ、福祉サービスの企画、実施の強化が求められてきました。住民主体の原則ではなく、住民の主体的活動という、そういう言葉になってくるわけで、介護保険の事業を展開していくということの比重が、社協の考え方の中で増してきたということです。

社協で行った3つの活動

①医療費無料化の拡大

では具体的に、地域住民を対象にした社協の活動を三つに絞ってお話します。一つは、医療費無料化の拡大を行ってきたことです。さっきお話した１９８３年（昭和58）の老人保健法で国全体の医療費無料化が一部有料化になっていくということがあるわけですが、その時に私たちはどういう動きをしてきたのか。

深澤晟雄が亡くなってすでに18年が経っていました。そうすると村行政の考え方も、いつまでも無料化というのはどうなのかという、そういうことが言われだしました。また議会サイドでも自己責任などの話題が出てくる。時代背景もあるんですけれど、私たちは医療費の無料化で村民自身がとても助かっているという、そういうことを村民にアピールする場を作ることにしました。

当時は社協の中に沢内村老人クラブ連合会の事務局も置かれてて、私がそのことを担っていたわけですが、1982年（昭和57）年と翌年の2回に渡って老人の主張大会というのを行いました。青年の主張大会というのを昔、NHKでやっていましたが、それの高齢者版で老人の主張大会です。これを2年間に渡って行いました。テーマを三つぐらいに絞って、その中の一つに老人医療費の無料化について思うことというテーマを差し込みました。すると、12～13人の発表があるんですが、その中で5～6人は「老人医療費の無料化について思うこと」という内容で発表してくれました。

その発表の中には、老人医療費の無料化は高齢者の自分だけが助かっていると思われがちですが、実はその効果はそれだけじゃなくて、高齢者が元気になることは病院にも気軽にかかれる体制があるからで、すると、家族の中で嫁さんや孫などがちょっと具合が悪いということになると老人のほうから「早く医者に行った方がいいんだよ」という、そういう話が出てくるようになり、家族全体が和やかになって明るくなったというような話がありました。

また別の発表では、私自身が今いいということは、これからの高齢者、5年後、10年後の高齢者にとっても非常にいいことじゃないのかというような話もありました。その当時から沢内村には全戸加入の有線放送があり、昼間に集会室で発表したものを録音しておいて、それを有線放送で皆が聞ける夜に流すという、そういうこともやりました。あるいは高齢者の「あしあと」という作文集を1年に1回出していましたので、その中に老人医療費無料化についての発表原稿を入れて、みんなに読んでもらうということなどを2年間継続してやりました。するとそういう私たちの動きに対して、全国の高齢者団体の人たちが、沢内が医療費無料化をこれからも続けていくという意思表示をするならば、私たちも応援しようということになり、その中で「いのちの灯」という老人医療費無料化発祥の地の記念碑が沢内村に建てられます。

１９８３年（昭和58）にそれが建立されましたが、１００円の絵葉書を作って買ってもらったりしながら資金作りをし、記念碑が建てられたのです。ポンと1万円寄付するとか、10万円寄付するということじゃなくて、10円、１００円のカンパが多く集まったことで建てられたわけです。その記念碑は現在、深澤晟雄資料館の深澤晟雄の胸像の隣に建っていますが、私たちはこの記念碑の場所で毎年秋に「いのちの灯の集い」というのを開いていており、来年が35周年ですので、また全国に呼びかけて当時建立に参加していただいた人たちにもう一度集まっていただき想いを語り合ってもらう、そういう機会を作りたいと思っています。

老人医療費無料診療発祥の地の記念碑「いのちの灯」　提供：NPO法人深沢晟雄の会

話を戻しますが、老人の主張大会で全村民に聞いてもらったり、最後は老人クラブ連合会から、国の制度としては有料化になるけれど沢内は従来どおり無料化を継続して欲しいという陳情書を村議会に提出し、村議会で全会一致で採択しました。こうして村民の意思として医療費の無料化を継続していくことになりました。

このように医療費の無料化継続ということについても、社協の大きな活動の一つとして行いました。それを発展させていくという部分では、老人や子どもだけじゃなく母子家庭や寡婦家庭、障害者などにも医療費の無料化を拡大したという取り組みも行ないました。これが社協の基本的な考え方の住民主体の原則の実践として取り組んだ一つでした。

②心身障害児調査から福祉作業所へ

二つ目が、障害児の調査活動ということについてです。沢内村は、老人医療費の無料化、高齢者福祉の問題、乳児の医療などの問題については結構先進的な状態だったんですが、障害を持ってる人たちの問題については若干遅れ気味で、これをなんとかしないといけないというのは、社協としての大きな課題でした。まずその実態を調査することから始まりました。1981年（昭和56）に国際障害者年があり、障害を持つ人たちが集まれる場所を作っていこう、通園の事業に取り組んでいこうということで、それが1985年（昭和60）の福祉共同作業所開設に結びついていくわけです。その当時、岩手県の場合は、障害を持つ人たちが集まって仕事をするという考えはそんなに広がってはいませんでした。特に町村部にはほとんどありませんでした。今は、障害を持つ人たちへの対応はかなり進んでいるわけですが、あのころはまだ遅れていたんですね。

こうして福祉共同作業所を作りましたが、その場所は老人福祉センターの一室を作業所にしてスタートしました。そこは役場の隣でした。そこにはどういう意味があったのかというと、毎日障害を持つ人たちが通ってくるわけですが、最初は役場の職員たちや役場に来た人たちは、毎日障害者が通ってくるということについて非常に違和感を感じていました。当時からすれば、画期的なことでしたが違和感を感じていたのです。でもそれが、20日経ち1カ月も経過すると全然気にならなくなる、そんな感じになってきたわけです。要は障害を持つ人たちが、一般の人たちの目に触れる機会がそれまでは非常に少なかったわけで、ですから言ってみれば「完全参加と平等」という国際障害者年のスローガンがあるんですが、そのことがごく普通の生活の中で実現されてわかったということの証でもあるわけです。

そういう意味では、普段の生活の中にどんどん障害を持つ人たちが入っていく条件を作っていくことが、障害者理解と言うときに、一番大事なことだったのかなと、そんな思いを持っています。この作業所は2002年に認可施設になっていくわけですが、そのことについては後でお話します。このように、なかなか家から出ることの無かった障害を持つ人たちが集まれる場所を作り、毎日通える体制を整備したということ、これも社協の活動の一つでした。

③ボランティア活動で地域づくり

続いて三つ目がボランティア活動です。地域づくり活動ということにもなりますが、その中で特徴的なボランティア活動として、スノーバスターズという活動を1993年（平成5）に立ち上げました。

社協の仕事には地域のニーズを常に把握していくことが基本的な考え方としてあります。地域の人たちが今、何に困っているのか、どんな課題があるのかということを吸い上げることです。そこで社協の役員や職員が公民館に出かけて行き、地区の人たちに集まってもらって地域懇談会を開き、その中で出てきた課題を村の社会福祉大会で最終的にまとめていきます。沢内には13の行政区があるのですが、その全ての地区で雪の問題で悩んでいるということがわかりました。具体的にどういうことかと言えば、先ほどの映画にもありましたが、あのとおりの大雪で、これをなんとかして欲しいということでした。

スノーバスターズ　提供：ワークステーション湯田・沢内

雪の問題といってもいくつかあります。一つは毎日、幹線道路から自分の家の玄関までの雪かきが大変だということ。二つは、1週間に1回くらいだけど、屋根から落ちた雪を除けるのが大変だということ。そして三つ目は、雪のために福祉サービスを受けられないということでした。車椅子の人がデイサービスに通うときに、雪をかなり広く除けておかないと迎えの車まで行けないとか、入浴サービスの車が玄関まで来れないのでサービスを受けられないことなどです。こういう三つの雪による課題で困っているということでした。

結論から言うと、玄関先までの毎日の雪かきについては、隣近所で対応してもらう、福祉サービスが受けられないことについては、これは行政にやってもらうようにし、1週間に1回の雪除けをボランティアの活動で対応することにし、スノーバスターズというボランティアグループを作ったのです。「ゴースト・バスターズ」（おばけ退治隊）というアメリカ映画をもじったわけです。関西圏にはあまり雪が降らないからピンと来ないかも知れませんが、東北には雪で悩んでいるところが多くあり、私たちのこのスノーバスターズが雪国のボランティアグループということで知れ渡り、お互いに連携を深めていくことにもつながっていきました。

当時はまだボランティア活動＝女性の活動という認識が多かったんですが、この活動が生まれてから、多くの男性がこのボランティアグループに加入するようになってきています。そういう部分では、ボランティアに男性たちが参加していく大きなきっかけ作りになってきたと言えます。日本全体として見れば、ボランティアが国民的な課題になったのは1995年（平成7）の阪神淡路大震災ですね。それをきっかけにボランティアがどんどん一般化してきたと思いますが、私たちはその2年前にスノーバスターズを立ち上げたということで、村民全体のボランティアに対する考え方が変わり、活動がどんどん増えていき、沢内のボランティア元年がこのスノーバスターズだったのかなと思います。

このボランティアグループが出来た3年後に、ハウスヘルパーという住宅補修のボランティアグループが作られます。一人暮らしの場合、雪で大変だという点では、雪かきを応援していくスノーバスターズの需要は高いわけですが、毎日の暮らしの実態を見れば雪で困っているだけじゃなく、日々の生活で困っている部分があるわけです。玄関戸がなかなか渋くて開かない、隙間風が入って寒いというようなこととかです。そういう住宅の不備で日々生活に不便を感じている実態がありました。そんなある時、60代後半の現役の大工さんが私のところに「現役で大工の仕事ができるのもあと何年でも無いので、今後は自分の技術を生かして少しでも地域のために役に立ちたいのだけど」と相談をしてきました。それがきっかけで生まれてきたのがこのハウスヘルパーでした。

大工さんたちが、そういう玄関戸や隙間風が入る場所などを修理していく。実は結構、こういうちょこちょこした修繕を大工さんに頼むというは大変なわけですよ。なかなかそういうことを頼めずに、困っている人たちもいました。こうしてハウスヘルパーの人たちが1軒1軒の家に行ってみると、実は大工仕事だけじゃなくて、例えば電灯の球を交換するにも踏み台で上がらないといけないけど、倒れる心配があってそれができないというような問題とか、トタン板が剥がれてしまいなんとかして欲しいとか、水道が漏れて大変だとか、いろんなことが出てくるわけです。するとこれはもう大工さんだけじゃ対応できないということになり、板金屋さん、電気屋さん、水道屋さんなども巻き込んだ手に技能を持っている人たちのグループになっていきました。

こうして活動を始めていくと、少しずつ輪が広がりそれが住宅問題、具体的には「高齢化が進む積雪寒冷地域の住宅」のありようを考えていくきっかけにもなっていきます。ボランティア活動はただ単に奉仕をするだけじゃなくて、地域の課題を活動を通しながら見つけていき、さらに住み良い地域を作っていく、そういう活動に広げていくことができるということです。そういう意味で、ボランティア活動は地域づくり活動で、それも私たち社協の一つの活動になりました。こうして社協の活動を通して地域課題を見つけ、それを関連付けて活動として広げていく、運動に広げていくという、それが社協としての大きな役割でしょう。

社協の今後の課題

ただ社協のスタンスには、どうしても2000年の介護保険以降の介護事業者と同じような活動スタイルが中心的なことになっているという現実があります。経営上の立場からすれば、それも止むを得ないことでもあるとは思います。介護サービスに参入していくのは別に悪いことじゃありません。ただ、一般の事業者の介護事業と社協が行う介護事業は視点が異なると思うのです。社会福祉協議会という全町全市を対象とした立場であれば、住民全体の介護保障をどうしていくのかという視点も持たないと、うまくないだろうなと思っています。

社協の役割にはどうしても経営という側面があり、お金をある程度持たないといけないので、そのことを否定するわけではありませんが、それオンリーになると本来的な社協ではないと思います。全市・全町の介護問題、交通の不便な地域でも、収入の少ない人でも自治体全体のこととして考えていくという取り組みが必要ではないかと、30年間の社協の仕事を通じて思っています。

障害者の施設作りへ

ところでレジュメに「障害を持っていても地域で生活を」と書いていますが、これは私のライフワークでもあります。30年間社会福祉協議会に勤め、その最後の1年間は施設作りに関わりました。先ほど言いました障害を持つ人たちの福祉作業所を、認可施設にしていく仕事ですが、その新しくできる施設を具体的に管理運営していく人が居ないということで、結局私が55歳の時点で社協を辞め、障害者施設作りを行い最初の施設長代理兼事務長をすることになります。またその後半の方は施設長をやっていましたが、ここでその辺りのことについてお話ししておきましょう。

１９９９年（平成11）7月の第33回沢内村社会福祉大会で「福祉作業所を認可施設の通所授産施設にしてほしい」と、障がい者の親である福祉作業所関係者から強く要望されました。

これを契機に社協を中心に学習会が組織され「通所授産施設づくりのあり方」をまとめました。この学習会を通して酒巻熙・潤子（初代の理事長と施設長）ご夫妻から施設づくりを支援したいとの申し入れがありました。将来を視野に湯田町にも呼びかけ西和賀での施設づくりにすることを確認し、第1回準備会議が開かれたのは２０００年（平成12）5月です。9月まで精力的に11回開催し内容を詰めたのです。10月に社会福祉法人設立準備会を立ち上げ本格始動しました。沢内村社協に事務所を置き、実質的に私が準備一切を担いました。社協事務局長業務を行いながらの準備は、時間的、精神的に大変きつく、胃が悪くなったのもこの頃でした。

２００１年（平成13）、1月、施設建設の国協議、7月内示、社会福祉法人設立認可申請、9月入札、10月着工と慌ただしく、想像を絶する豪雪地帯の真冬の工事へ突入していくのです。超人的な綱渡りで２００２年（平成14）4月1日、「ワークステーション湯田・沢内」はめでたく開所しました。

この施設は障害を持つ人たちが仕事をしながら、その仕事を通して自立をはかっていくという施設です。35人定員の施設です。では何を仕事にするのかということが問われます。実は、その仕事を何にするかという時に、沢内または西和賀、当時はまだ沢内でしたが、そこは地理的に言えば、秋田県の県都盛岡までは60㎞もあり、新幹線に乗るには35㎞離れた北上市まで行かないといけない、秋田県の「かまくら」で有名な横手市も北上市と同じくらいの距離で、宮沢賢治の花巻市もそれぐらい離れている、そういう地域です。そして沢内を中心に考えれば、その中心の半径40〜50㎞圏内に中都市があるというように考えられなくも無いんですが、とにかく自然環境が厳しい。一般的には障害者の授産施設の仕事は、工場や会社から下請けが多いのですが、そういうような毎日納品をしたり、毎日材料を持って来るというわけにもいかない地域です。だからこの地域の特性にあった仕事を作っていくことが求められました。ではその地域の特性とは何かというと、それはもう農業しか無いわけです。だからその農業を中心とした授産施設作りをしていくことになりました。

でも農業中心と言っても、現在もそうなんですが、田んぼが40ａ、畑が80ａとか、その程度の農業です。とてもそれだけで仕事になるかというとそういうわけにはいきません。そこで考えたのが、農業で一定の生産物を作り、それを加工して販売するという、一次産業、二次産業、三次産業を一手にやる、今流行りの言葉で言えば六次産業を行なったのです。この六次産業ですが、これを西和賀町は町産業の目標の一つにしていますが、一番最初に取り組んだのが「ワークステーション湯田・沢内」ということになります。障害者の仕事が町の仕事をリードしたという、そんな感じになったのです。

ではは具体的に何をしてるのかです。まず田んぼで米を

ワークステーション湯田・沢内

作る。その米を麹にする。それを畑で作った大豆と合わせれば味噌ができます。また、いちご農家がありますので、そのいちご農家が出荷できないようないちごをいただいて、加工室でいちごジャムを作っています。さらに大根を栽培をし、切り干し大根にする。あるいは沢内の寒さを利用した凍り大根作りもあります。これは生の大根を吊るしておいて寒さで凍らせるのですが、日中はいくらか日が照るときもありますので、それが溶ける、また凍る。これを繰り返していると、ほとんど水分が無くなり、寒干し大根というのでしょうか、そういうものが作られます。ほかにも漬物を作ったりもします。

そして販売ルートです。基本的にはふるさとの味と情報を全国に送る「ふるさと宅急便」というものを作りました。この「ふるさと宅急便」は最初にお話した昭和60年の障害者の通所事業の時から行っていた事業でしたが、これをさらに発展させたものとして始めました。「いのちの灯」という記念碑が全国の多くの人たちの賛同で建ったとお話しましたが、それを契機に1年に1回賛同者が集まる「いのちの灯の集い」という行事をしてきました。さらにその方たちの中には日常的に沢内の物産で結ばれたいという人たちが多いときは500人ぐらいおられましたので、それを基礎にして最初は年会費1万2千円でスタートしたのが「ふるさと宅急便」です。今は年会費2万円で250人、単純に計算すれば500万円になります。その他にも「花

ブルーベリージャム　提供：ワークステーション湯田・沢内

宅急便」を農家と提携して行なっています。沢内は標高が高い寒冷な地域ですのでリンドウが有名です。標高が高く昼と夜の温度差があるほどに紫色を鮮やかにつけるので、沢内のリンドウはすごく紫が濃く綺麗です。

「花宅急便」は会社のお中元として使ってもらうことがあります。20～30人分の名簿をいただいて発送します。またある若い社員の多い全国に支店を展開する会社ですが、そこからは会社の結婚記念品を発送して欲しいという依頼もきて、年間300人ぐらいの人に送っています。3種類ぐらいのもの、花やジャムやパンなどをセレクトして送るというようなことです。

農産加工　提供：ワークステーション湯田・沢内

ふるさと宅急便　提供：ワークステーション湯田・沢内

そうなってくると仕事が多くなり、障害を持つ人たちが毎日田んぼや畑、加工室等で働くわけです。今、西和賀は高齢化率が高く65歳以上が約半数近くて46％ぐらいですが、これがまもなく50％になり、限界集落じゃなく限界自治体になるぐらいの状況で、農業をやってる人たちの平均年齢も65歳を過ぎていますので、段々と農業ができなくなる農家の人たちが多くなっています。農村地帯というのは、田んぼや畑が草ぼうぼうになると元気が無くなるわけで、そこに障害を持つ人たちが来る日も来る日も、ほとんど毎日のように田んぼや畑に出て働いています。

休耕田活用の農業　提供：ワークステーション湯田・沢内

彼らが田んぼや畑を耕しているということで、そのことが地域を元気づけていく。そういう状況も生まれているのです。つまり、障害を持つ人たちが田んぼや畑を耕すということは＝地域を耕していくことに繋がっている。そういうことなんです。こうして私たちが農業をやっていく意味とは、地域を多少は元気づけていく力にもなっているということがあります。

それからもう一つは、りんどう農家やいちご農家と提携をすることは、いくばくかのお金を障害を持つ人たちの働きで、地域に還元できる力にもなっているということでもあります。私はそこに障害者の働く意味と役割があるのかなと感じています。

さらにもう少し理屈を付けていくと、利用される会員さんは主に都会の人、都市部の人ですが、確か大阪の人もいたと思いますが、こういう「ふるさと宅急便」や「花宅急便」を通して障害を持つ人たちが西和賀を紹介をしていく役目を担っている、そういうメッセンジャーになり得るということにもなります。都市と農村の交流の主体者に障害を持つ人たちがなれるということですね。ですから、地域おこしとか、地域を豊かにしていくということは、元気な人たちだけじゃなくて、障害を持つ人たちにも十分できるという実践でもあるのかなと思っています。

共同生活援助事業所湯川ハウス　提供：ワークステーション湯田・沢内

さらに私は、障害を持つ人たちは家に居ても何もすることが無いからただ施設に集まっているという、そういう側面だけじゃなく、どのような障害のある人でも一人の人間としての役割があるのだと障害者自身が実感することだと思います。

障害を持っていても地域で生活を

私は障害を持っていても、地域で生活をすることは四つの条件がそろえばできると思っています。その四つの条件のまず一つは日中の居場所を作っていくことです。これはまさにワークステーションのような施設、これが日中の居場所の一つになっています。でも重度の人たちであればちょっとワークステーションの中で働くわけにはなかなかいきません。今は介護の事業も始めてますので来れるわけですが、つまり別の障害を持つ人たちが介護を中心とした場所を作るのです。本人に合ったような形の日中の居場所、仕事、そういうものを作っていくのが一つですね。

それから二つ目は、生活の拠点、夜寝る場所が必要だということです。自宅で生活できる人であれば自宅でいいのですが、なかなか自宅で生活が出来ない人もいます。最近増えてきているのは、グループホームなどです。あるいは障害者が公営住宅などを活用する。そういうこともできるようになっていますが。西和賀では、グループホームを整備していくことが今の課題で、4カ所のグループホームをワークステーションが持ち、22～23人が生活できる体制になっています。

それから三つ目としては、地域で生活する中では、いろいろ相談にのってくれる人、あるいは金銭管理なども応援できる体制が必要です。そういうサポート体制、相談サポートの体制が三つ目として必要です。

それから四つ目として所得保障です。大概の障害者は障害年金があります。障害年金2級で約6万5千円、これが年々下がっていて大変なんですね。そこで今、西和賀で考えているのは最低限暮らすためには、グループホームの場合は10万円あればなんとかなるということです。ですから年金が6万5千円であれば、あと3万5千円です。その3万5千円をワークステーションに来て働いてなんとかしてもらうということを目標に掲げてます。つまり所得保障をするということが、障害を持つ人たちが住んでいる地域＝地方自治体としての応援の仕方じゃないかなと考えています。

この四つのことが障害を持つ人たちが地域で暮らしていくポイントになってきますので、これを考えながら今はやっているということです。

さらに言えば、障害を持つ人たちだから、自分たちのことができればそれでいいということじゃなくて、地域の課題にもある程度は対応できるようになる、そういうことも考えていくことが大事かなと思ってます。「食を支える活動」と書いていますが、授産というか、障害を持つ人たちの仕事の一つとしてパン作りをやっています。岩手の小麦の南部小麦やゆきちからなど、地元の小麦を活用したパンも含めて作っています。そのパンが今、学校給食に使われています。こういう手作りのパンで学校給食の食を支えていくということは、西和賀のような小規模な地域でないとできないと思います。大都市ではとても手作りのパン、学校給食に使ってもらうというようなことはできる話ではありませんが、私たちのような小さな自治体だからこそできるということで、現在は小学校1年生から中学校3年生までの義務教育の9年間はワークステーションのパンを食べないと終われないということになっています。1週間に2回くらいで毎日ではありませんが、こうして子どもの食をささえることも担っているということです。

一人暮らし高齢者への配食サービス　提供：ワークステーション湯田・沢内

さらに高齢者の配食サービスもしています。一人暮らしの高齢者宅にワークステーションの厨房で作ったお弁当を配達、365日昼と夜1日2回配達しています。この効果も、障害を持つ人たちが配達に参加することによって、地域の人たちに触れる機会になり、それがとても大事なことだと思いますし、それから先ほどのように米を作っている、野菜を作っている、味噌を作っているということで、結構お弁当の材料は確保できており、こういう安心の材料のお弁当を地域の高齢者に食べてもらうという、そういうことができること。それが障害者の日々の仕事が地域の人たちの食を支えることにも繋がってくるわけです。こうして障害を持っていても、地域の一員としての役割を果たしていきたいということです。

子どもの「いのち」が輝く沢内の「人・自然・文化」

最後になりますが、子どもの「いのち」が輝く活動についてお話します。

これは冒頭に言ったように、私たちNPO法人は仕事の一つとして、子どもの「いのち」が輝く活動ということを掲げています。沢内村の乳児死亡ゼロ実現に大きな役割を果たした一人として、石川敬治郎先生という方がいました。映画の中では岩手医科大学の学生さんだった頃に乳幼児健診で沢内村に来た先生と紹介されていますが、この石川敬治郎先生が中心になり盛岡市に「みちのく・みどり学園」という今年で60年目になる虚弱児のための施設を作りました。喘息やネフローゼなど、そういう子どもたちが通える施設です。この施設は他にも「もりおかこども病院」という小児医療の病院も持っております。

夏場になると、その子どもたち、虚弱の子どもたちが沢内に施設丸ごと移転してきます。夏季転住という事業で来ていたわけですが、1998年（平成10）に児童福祉法が変わり虚弱児施設というものが無くなり、これが児童養護施設になりました。

「みちのく・みどり学園」が児童養護施設になったのですが、そうなると虐待を受けた子どもたちの入所が多くなってくるわけです。普通、子どもたちは、家庭で生まれて家庭で育ちその親や兄弟、地域の子どもたちと触れ合いながら育っていくのが一般的ですが、今の児童養護施設に入っている子どもたちを見ると、その多くが乳児の時から児童養護施設にやって来るということで、家庭をスルーというか全然家庭の暮らしを経験していない子どもたちが結構います。普通の子どもたちは家庭の中で兄弟が切磋琢磨しながら仲良くなったりいろんなことで育ちの経験をしながら小学校に入って中学校に行くのですが、そういう育ちの経験を省略されてすぐに集団生活一本という子どもたちが多数です。

するとそんな子どもたちの中には、ちょっとしたパニックを起こすと収拾がつかなくなる子もいるわけです。でも、そういう子どもたちが沢内に来ると、なぜか落ち着くという部分が表れてきます。別に沢内でなくてもどこでもいいと思うんですが、やはり子どもたちがなんというかほっとできる場所。言葉を変えて言えば、育ち直しができる場所ですが、そういう意味ではこの沢内が、貧困で雪が多いけど逆境の中で生活してきた、そういう村民性というか、それがある意味では虐待を受けた子どもたちの育ち直しということについて何らかの役割を果たしているんじゃないかと思っているのです。それを端的に言えば、「人・自然・文化」だということになります。

この「人・自然・文化」を生かしての活動の一つに「ホームステイ事業」があります。2007（平成19）年10月のＮＰＯ法人輝け「いのち」ネットワーク設立以来の活動です。一人ひとりの人間の尊厳が守られ、すべての人たちの「いのち」が輝く社会をつくるため、子どもたちを地域社会で担う活動です。虐待を受けた子どもたちの養護には「人・自然・文化」の歴史と環境は適していると感じています。社会的養護の一形態でもあります。

２００８（平成20）年度は、盛岡市の児童養護施設「みちのく・みどり学園」と「和光学園」から延べ１００人の子どもたちを10回にわたり16世帯が受け入れました。子どもたち２人が各受け入れ世帯で24時間過ごすだけです。家族ごとの普段の生活をするだけです。「孫が来た時のように自然に接しました」とは受け入れ世帯の弁です。

さらに、西和賀町全体を児童養護施設に見立て、首都圏の児童養護施設の子どもたちが５日間生活する「全国・西和賀まるごと児童養護施設事業」を２００８年（平成20）から5年間実施しました。自然は別に沢内でなくても岩手はどこも自然に恵まれてますが、沢内も四季が実感できるそういう自然が溢れています。それから人については、沢内のおばあちゃんたち、あるいはもっと上の人たちが乳児死亡が多くて大変だったということで人の生き死にというものを経験をしたことのある家庭が多いのです。そんな場所に子どもたちが行くとほっとする、そういう人々がいるということです。それから沢内の人々が暮らしてきた中で培われてきた文化です。文化と言うとちょっと大きくなりますが、暮らしの積み重ねというか、先ほど言いました切り干し大根や寒干し大根というような意味での暮らしの中に自分たちで作り上げてきた暮らしがあるということですね。そういう「人・自然・文化」が、虐待を受けた子どもたちにとっては必要だと思います。

社会の課題に向かうバックボーンとしての生命尊重行政

今、児童虐待が大きな社会問題になっており、その相談件数は1年間に12万件を超えてるという実態もあります。ところが、児童養護施設や里親のところで生活できるのはその内、3万5千人ぐらいということで、なかなか狭き門という状態です。しかしこの児童虐待のことを考えていけば、問題の根源は100％大人社会が作り出していることでしょう。子どもにはなんら責任はありません。貧困問題、格差社会など社会の仕組み、体制にも問題はありますが、大人社会が作り出していることです。だとすれば、大人社会としてそれをフォローしていく体制を大人社会が作っていかなきゃならないのです。そういうことを私たちは取り組んでいるということです。

これらを考えてみれば、深澤晟雄が生命尊重の理念の考えで60年前に始めたことは、社会状況が変化していく中でも大いに参考になることですし、的を得ていると思います。昔、沢内ではこういうことがあったという昔語りでなく、それは今も輝いています。「いのち」が粗末にされ、豊かさの中での貧困問題が大きくなり、格差が進む今だからこそ、「生命尊重」がバックボーンにある行政、国づくりが求められています。

※本稿は２０１７年近畿社会保障学校での講演に加筆・修正したものです。

第4章　レポート［今に受け継がれる深澤生命尊重行政］

町立西和賀さわうち病院を見学して　菊池高波（奈良県社会保障推進協議会事務局長）

西和賀町役場沢内分舎

西和賀町の医療・介護・保健の概況を垣間見る

西和賀町医療調査のはじめに、私たちは西和賀町沢内字太田（沢内庁舎）にある西和賀町健康福祉課を訪ね、健康福祉課長兼地域包括支援センター所長である佐々木一《はじめ》さんのお話をおうかがいした。

課長さんはわずか1時間たらずのレクチャーのために57枚のパワーポイント資料を映し出しながら、朴訥な語り口でじっくりと西和賀町の医療・保健・介護について説明してくれた。

以下、その概要を記す。

①西和賀町の概況

・西和賀町は、岩手県の南西に位置し、西は全国屈指の豪雪地帯で知られる横手市に隣接。2005年旧沢内村と旧湯田村が合併し西和賀町となった。

・2006（平成18）年3月末（合併）時点での人口は7587人（男3561人、女4061人）であったが2016（平成28）年3月末時点では6076人（男2843人、女3233人）。人口減少（△1511人）と激しい高齢化（高齢化率45・5％）の中にある。

・平成28年度医療費関連予算　国民健康保険予算　8億6840万円
後期高齢者医療制度含めた医療給付費予算　13億4600万円

・平成28年度介護保険事業勘定予算　11億3692万円

②健診制度

・西和賀町の健診、人間ドック（直診病院と連携）
総合成人病検診　年間320人が受診
検診費用　男　4万7670円　女　5万7750円
自己負担　6530円　7530円
一般会計　4万1140円　5万2220円

③平成26年度国保財政

【歳入】
国民健康保険税　1億2986万9000円（12・2％）
国庫支出金　2億8462万1000円（26・7％）
県支出金　6091万9000円（5・7％）

町の保健・医療・介護について説明する佐々木一課長（中央）

レクチャーを聴く参加者

療養給付費交付金　1689万円（1・6％）
前期高齢者交付金　2億1175万5000円（18・8％）
繰入金　4544万9000円（4・3％）
その他　2億7238万4000円（25・5％）
歳入合計　10億6723万5000円（100％）

【歳出】

保険給付金　4億3438万5000円（52・0％）
後期高齢者支援金等　8473万1000円（10・1％）
介護納付金　3954万8000円（4・7％）
共同事業拠出金　9220万3000円（11・0％）
保健事業費　687万7000円（0・8％）
その他　1億7714万2000円（21・2％）
歳出合計　8億3498万6000円（100％）
（註：数値はいずれも決算額）
平成27年度への繰越金　2億3224万9000円
財政調整基金保有額　1億6965万3000円

④西和賀町の医療費助成制度

・児童生徒医療費助成事業（0～18歳まで）
・老人医療費助成制度事業（65歳以上２７６５人）
患者負担　外来（1カ月毎）　１５００円
入院（1カ月毎）　５０００円　※但し、外来・入院とも低所得者は負担なし
一般会計＝年間4億７０００万円

⑤第6期介護保険料（平成27～29年）

・月額基準保険料＝６１００円（年間7万３２００円）
・保険料徴収の仕組み　所得に応じて10段階を設定し年額3万３０００円～12万８１００円を徴収
・低所得者軽減対象者は２７５７人の1号被保険者のうち19％の５３６人。（軽減額１９３万円）

まず驚かされるのが、人間ドック制度への助成金額である。癌検診にかかる費用の凡そ87％を助成するという画期的な制度であり、単年度で３２０人が受診するという。２人に１人が癌で死ぬ時代といわれるなか、人間ドックの充実は医療給付費との関係で対費用効果も大きいと考えられる。

次に目をみはるのは国民健康保険財政の黒字である。深刻な人口減少と高齢化の中で、特に郡部山間部自治体の国保財政が大変な危機にさらされている。しかし、平成26年度の西和賀町国保決算では期末に2億3千2百万の繰り越しを行い、なお別枠で1億7千万円近い基金を保有している。断片的な資料のみで評価することはできないが、以下、西和賀町国保財政の経年指標を示しておく。

西和賀町国保財政の推移（2009〜2015年度） （単位：千円）

	単年度収入	繰越金	収入合計	単年度支出	基金等積立金	支出合計	単年度収支差	収支差引差	うち次年度繰越金	基金等保有額(前年度末)	基金等積立金	基金等保有額	資産合計
2009	878,235	169,656	1,047,891	882,886	△ 4,651	883,083	△ 4,651	164,808	164,808	109,169	197	109,366	274,174
2010	825,469	164,808	990,277	813,248	12,221	813,340	12,221	176,937	176,937	109,366	92	109,458	286,395
2011	816,161	176,937	993,098	840,860	△ 24,699	840,952	△ 24,699	152,146	152,146	109,458	92	109,550	261,695
2012	884,436	152,146	1,036,582	806,494	77,942	806,515	77,942	230,066	230,066	109,550	21	109,571	339,637
2013	795,340	230,066	1,025,407	754,192	0	754,230	0	271,176	271,176	109,571	38	109,609	380,785
2014	796,059	271,176	1,067,236	774,942	21,117	834,986	21,117	232,250	232,250	109,609	60,044	169,653	401,903
2015	863,662	232,250	1,095,912	913,705	△ 50,042	913,796	△ 50,042	182,117	182,117	169,653	91	169,744	351,861

さらに印象的なのは「沢内村の医療費助成制度」の「継承」である。老人医療費助成事業（65歳以上）は外来月額1500円、入院月額5000円を自己負担上限として、その額を超える全額が助成される。低所得者には自己負担もない。高齢者が「いつでも安心して医療にかかれる」制度が今も生きていることを確認し、とりあえず胸をなでおろした。

受け継がれる沢内村の生命尊重行政

深澤村長時代の沢内村の保健・医療行政を知ることができるのが深澤晟雄資料館「いのちの館」である。旧沢内病院敷地の向かいに建つこぢんまりした木造の建物がそれだ。1963（昭和38）年、当時の加藤邦夫沢内病院長が豪雪対策モデル住宅を自らデザイン・設計し、看護師寮として使用していた建物だという。

（1）沢内—盛岡「脊椎街道」

資料館で真っ先に見せていただいたのが沢内村の生命尊重行政を解説したドキュメンタリー映像で、これが何よりわかりやすかった。「人の命に格差があってはならない、住民の生命を守るために私は命を賭けよう」と、自らの命を賭して沢内村の三悪「豪雪・貧困・多病多死」とたたかった深澤晟雄村長（1957～65在任）の業績は改めて繰り返すまでもないが、何よりも私の心に残ったのは、深澤村長が、豪雪とたたかうためにブルドーザを何台も購入し県都盛岡との冬期交通の確保を行うことから始めたことである。

うなりを上げて豪雪をかき分け、盛岡行きのバスを冬期運行させた場面の映像が圧巻であった。元来、岩手県には「肋骨街道」という言葉がある。県内の主要都市がある内陸部と三陸沿岸部の人的・商業流通を確保するための交通手段を通称しているようだが、深澤村長がブルドーザでこじ開けた冬期交通路は「肋骨」ならぬ沢内―盛岡「脊椎街道」ともいうべきいのちの道であっただろう。産業・流通、保健・医療、教育・文化…村民のあらゆる生活の向上は、この一本の道からはじまった。激しい医療格差、健康格差の「原因の原因」を解明し変革しようと試みた深澤村長の行動は、SDH（social determinants of health）の視点に基づいた取り組みの原型ともいえよう。

深澤晟雄資料館「いのちの館」

（2）医療費無料めざして――「国がやらなければ、やるまで私がやろう」

「生命尊重こそが政治の基本でなければならない。ニューギニアの奥地じゃあるまいし、生まれた赤ん坊がコロコロ死んでいくような野蛮な条件、年老いた人が枯れ木が朽ちるように死んでいく」。このような悲惨な条件を克服して与えられた生命が完全に燃焼しつくすまで「自分たちで、自分たちの命を守り続けることが、主義主張を超えた政治の基本でなければならない」「医療費無料ということは、先進諸国のすべてが目指しているところであります。国がやらなければ、やるまで私がやろう。国は必ず後を追ってくるものと信じております」。深澤晟雄2期目の公約（1961年）である。

町健康福祉課がまとめた沢内村の保健・医療行政を以下に示す。

1957年　保健師2名採用　保健委員会設置　乳幼児死亡率半減計画
1960年　加藤邦夫（内科）院長着任　看護師・検査技師・栄養士採用
1961年　65歳以上の高齢者に国保10割給付
　　　　60歳以上と乳児の外来医療費国保10割給付
1962年　巡回診療車整備・妊産婦健診
　　　　沢内村地域包括医療実施計画策定
　　　　乳幼児死亡率ゼロの金字塔
1963年　増田進（外科）副院長着任　日本医師会　武見会長来村

資料館には豪雪を掻き分けるブルドーザの写真が展示されている

1957（昭和32）年の乳幼児死亡率半減計画に始まり、1962（昭和37）年に沢内村は乳幼児死亡率ゼロの金字塔を打ち立てる。以前見た映画『いのちの山河―日本の青空Ⅱ』の中で、深澤村長と保健担当課長が喜び合うシーンが思い出された。

しかし、大志半ばに深澤村長は病魔に倒れ、1965（昭和40）年に永眠された。村葬では800名の村民が豪雪の中列を作って深澤村長の亡骸を出迎えたという。「いのちの山河」にもそのシーンがあったが、深澤晟雄資料館では実際の映像や写真を見ることができた。生命尊重行政に命をかけた深澤村長を村民がいかに信頼し愛したか、を今に語り継ぐエピソードである。

（3）半世紀以上前に策定された元祖「地域包括ケア」

1962年には「沢内村地域包括医療実施計画」が策定されている。沢内村の地域医療計画の目標は、①幸福追求の原動力である健康を、人生すべての時点で理想的に養護する②生存地域社会環境の健全性の開発向上を期する、という憲法第13条及び第25条に立脚した大目標であり「すこやかに生まれる」「すこやかに育つ」「すこやかに老いる」の3点をスローガンとしていた。半世紀以上も前に何という壮大な計画を掲げていたのであろう。昨今、人権としての社会保障は後方に追いやられる一方、自己責任論に基づく「自助・互助・共助・公助」を基本とした地域ケア論が盛んに論じられている。私たちは、いま改めて憲法に立脚した沢内版元祖「地域包括ケア」を学びなおす必要があるのではないか、と痛感する。

「沢内村地域包括医療実施計画」の中心に位置づけられたのが「沢内病院」（現「町立西和賀さわ

深澤村長の村葬に長蛇の列をつくる村民　出所：深澤晟雄資料館

うち病院」）であった。次節では「町立西和賀さわうち病院」の歴史及び現在の姿を見ていくこととする。

沢内の人権尊重行政を今に受け継ぐ―町立西和賀さわうち病院

（1）沢内村が「老人医療無料化制度」を継続できた理由とは…

「わあーっ、すごーい！」思わず叫んだ。吹雪の中から突如現れたのは、堂々たる鶴翼型の2階建ての建物だった。「町立西和賀さわうち病院」である。広大な駐車スペースを前に、私たちを抱きかかえるように出迎えてくれた。人口6000人足らず、高齢化率45・9％の自治体が運営する病院とは思えない、まったくもって「わあーっ、すごーい！」に尽きる病院を見学することになった。

病院事務長の高橋光世《こうせい》さんが出迎えてくれた。高橋さんの風貌は、若いが無口で朴訥、真面目で頑固一徹といった感じで、私たち一行の関西弁の「しゃべり」もさらりと聞き流されてしまった。さっそく会議室に通され「西和賀町の地域医療について」と題するパワーポイント資料の解説を受ける。

まず力説されたのが深澤晟雄村長の生命尊重行政。高橋事務長によれば、深澤村長の主張の原点は憲法第25条であり、沢内村の老人の生存権は「憲法で保障された権利であり、法律より優先されるべき」と考えていた。だから老人医療無料化制度を実現する中で「裁判になったとしても最高裁まで争う」「国がやらないなら村がやる」「国は必ず後からついてくる」という信念が貫かれていた。また、深澤村長が予言したとおり老人医療無料化制度はその後、東京都をはじめ全国の自治体に波及し1973（昭和48）年には国の制度（70歳以上）になった。しかし、財政的な理由などで相次いで廃止となる。一方、沢内村は老人医療費無料化制度を基本的に継続しつづけた。

「その理由はなぜか？　つまり…」と高橋事務長は私たちに語りかけた。「失敗の原因は『無料化』だけを真似たからです。その結果医療費の増嵩を招いた。沢内村は『無料化』と併せて、病気にならないための『予防活動』をセットで実施し続けたのです」。誇らしげに語る事務長の横顔がいきいきしていて、聞いていて実に気持ち良い。『予防活動』、すなわちこれまで営々と展開されてきた『保健活動』を骨格とする沢内版元祖「地域包括医療」の一大拠点こそが、ここ「西和賀さわうち病院」なのだ。

町立西和賀さわうち病院

（2）西和賀さわうち病院の歴史

町立西和賀さわうち病院の現況を解説する前に、病院の歴史についてかんたんにふれておこう。

〈病院の沿革〉

1938年　岩手県医薬連盛岡病院付属沢内診療所

1940年　花巻厚生病院沢内診療所

1948年　済生会黒沢尻病院沢内診療所

1951年　国保直営診療所

高橋光世事務長による病院の概要解説

1954年　国保沢内病院開設（30床）

1957年　第18代村長に深澤晟雄氏が就任

1960年　65歳以上に国保10割給付（医療費無料化）

1962年　全国初の乳幼児死亡ゼロを達成、「沢内村地域包括医療実施計画」策定

1965年　深澤晟雄村長死去

1976年　新しい「沢内病院」落成（一般40床、歯科増設、母子保健センター、歯科予防センター、成人病健診開始）

岩手県においては、すでに第2次世界大戦前から主に農民の要求と運動に基づいた医療利用組合立の病院・診療所が各

地につくられ、戦後それらの施設が県立医療機関や国保医療機関になったことは広く知られている。1930年代には多くの医療利用組合と医療機関がつくられ、1936年には岩手県医薬購買販売利用組合連合会が、9つの広域単営医療利用組合を統合して結成されており、2万9774人の組合員を擁し県下総戸数の15・1%を組織していたというから驚きである。現在の町立西和賀さわうち病院の前身はその岩手県医薬連立医療機関である「岩手県医薬連盛岡病院」の付属診療所であった。

戦後まもなく、沢内診療所はいったん済生会傘下医療機関の下におかれるが、1951年には国保直営診療所に、1954年には国保沢内病院となり、沢内村立の医療機関として確立された。その3年後には「生命尊重行政」を掲げた深澤晟雄氏が村長就任し、乳幼児死亡ゼロや老人医療無料化制度など日本の保健・医療行政史上、エポックメイキングな取り組みを展開した。その舞台となったのが当時の国保沢内病院であった。当時の奮闘については映画『いのちの山河―日本の青空Ⅱ』の中に垣間見ることができるが、深澤村長が自分の母校である東北大学の医学部に幾度も足を運び、医師の確保に心血を注ぐシーンが印象的だ。積極性と忍耐力を持ち、患者や村民の方を常に向いている医師、沢内村に骨を埋める覚悟のできる医師を何とかして確保したい。この凄まじいほどの気概は、現在の西和賀さわうち病院の職員・幹部の魂に受け継がれている。

そもそも岩手県においては、戦後、公立医療機関のほとんどが県立病院に組織されており、現在も県内に20もの県立病院が存在している。戦前からの医療利用組合運動の「平等」の理念が受け継がれたからであり、「あまねく医療の均霑（きんてん）化」が岩手県政の政策目標とされ、今に生きている。岩手県では、基幹県立病院が二次医療圏にくまなく配置され、周辺の県立病院等をサテライト病院と位置付けて「医療均霑」の歴史的な理念を実現してきた。一方、岩手県内における市町村公立病院(国保病院)は8カ所と少ない。沢内病院がどのような経路をたどって「国保病院」となったかについてはわからないが、県立傘下とは別の道を歩んだことは事実である。このあたりが、岩手県の中でも一風変わった医師確保政策や医療の展開につながったのではないかと、勝手に空想を巡らせている。豪雪に鍛えられた忍耐力と医師を確保するまで梃でも動かない南部牛のごときしぶとさを、沢内病院の60年の歴史の積み重ねとして感じ取ることができるのではないか。

1954年に開設された旧沢内病院。一般病床30床、1960年には伝染病隔離病棟10床を増床

(3) 町立西和賀さわうち病院の概要

現在の「町立西和賀さわうち病院」は2008(平成20)年、西和賀町の総合計画に新病院建設事業が盛り込まれたのを契機として、2012(平成24)年新病院建設等推進委員会を設置、2014(平成26)年4月には県立中部病院院長を退職した北村道彦氏を病院長に招き、同年9月竣工、10月14日に新病院開院となった(総事業費26億円)。以下、その施設概要を示す。

〈町立西和賀さわうち病院〉

・一般病床40床　人口透析装置8台　人間ドック設備（町委託）
・診療科：内科、外科、歯科、小児科、神経内科、眼科、整形外科、耳鼻咽喉科、泌尿器科、リハビリテーション
・職員体制（69名）：医師3名、歯科医師1名、看護師30名、薬剤師1名、臨床検査技師2名、放射線技師1名、理学療法士2名、作業療法士2名、臨床工学技士1名、歯科衛生士3名、歯科技工士2名、管理栄養士1名、事務職員6名、看護補助員8名、医療クラーク4名、薬剤助手1名

町内の医療施設は町立西和賀さわうち病院のほか、医科開業医3医院、歯科開業医3医院、3調剤薬局である。町立西和賀さわうち病院は町内医療のセンターである。40床の一般病床が動いていれば、普段は開業医さんの外来にかかる患者さんが、いざ急性増悪したときに入院の受け皿があって後方からしっかり支えられているという安心感があるであろう。高齢化率45・9％（県内トップ）の町として、この病床は引き続き重要だと考えられる。

病院ホームページに公表されている臨床指標によれば、ここ数年入院患者数は増加してきたが「2016年度（平成28）には伸びが止まり、新たなマーケティングが必要と考えている」とのこと。なお「町内の医院や施設からの入院が若干減る一方で自宅からの入院が増える傾向があり、在宅介護力の低下の反映とも考えられる」との説明があった。

現在、全国で「地域医療構想」によるベッド削減計画の具体化が行われている。町健康福祉課の佐々

木課長との懇談の中でも町立西和賀さわうち病院の40床の今後について質問させていただいた。当院は北上市に属する二次医療圏域に包含されており、地域的な特殊性もあって、削減の対象とはならないであろうとの説明をいただいた。しかし、貴重な40床を守り抜く積極的な戦略が無ければ病床存続は容易ではないであろう。今後の取り組みを注視していきたい。

診療科は、産婦人科以外は外来単位が設置されており、西和賀町内のプライマリ医療機能はここに確立していると考えられる。北上市などの医療機関から非常勤医師の外来単位支援を受けているが、外来単位の継続・拡充に費やす病院幹部の並々ならぬ苦労が推察される。

臨床指標報告によれば「外来患者数は、町内の医療機関との連携を重視して、緩徐な増加に留まっている。従来から住民の要望が寄せられた専門外来の開設、維持には力をいれ、医療の完結性の向上を目指している」とある。あくまで「ここで全部が揃う」プライマリ拠点志向である。

臨床工学士を配置し人口透析装置8台を稼働しているのも立派で、糖尿病性腎障害になっても住み慣れたこの町で生活したいという住民要求の反映だと考えられる。

感心したのが充実したリハビリテーションと歯科診療である。高齢者医療の増大にあたっては整形外科・リハビリ、眼科、歯科などのニーズが高まる中での積極展開であろう。広々としたリハビリテーション室が整備され理学療法士2名、作業療法士2名を配置している。

歯科は歯科医師1名のほか歯科衛生士3名、歯科技工士2名が配置されている。外来診療単位は土曜日以外毎日午前・午後診が展開され、火曜日は夜7時まで診療が行われている。一方、医科歯科連携による在宅医療支援も行われているという。スタッフの不断の努力が推察される。歯科衛生士3名の役割については詳しく聞くことができなかったが、歯科診療のみならず病棟患者の口腔ケアに果たす役割などが期待され、ニーズは高いと考えられる。

入院医療統計（H25 〜H28・抜粋）

	H25	H26	H27	H28
入院延べ患者数（日）	4,574	6,106	9,538	9,498
平均在院日数（日）	22.1	18.4	22.6	22.7
病床利用率（%）	31.3	41.8	65.2	64.9
入院患者平均年齢（歳）	79.1	79.6	80.5	80.7

外来患者数統計（延患者数）

	H26	H27	H28
内科	8,830	9,455	9,682
外科	7,059	7,068	6,457
眼科	1,343	1,354	1,318
小児科	185	262	222
整形外科	136	472	600
泌尿器科	122	344	423
透析	2,270	2,514	2,748
歯科	7,312	7,291	7,396
特定健診・人間ドック等	427	429	400
その他科も含めた合計	29,323	31,071	30,797

（4）「えっ、オペもやるんですか！」

パワーポイントの中で、広々とした手術室の写真が映し出されたとたん、思わずうなってしまった。

指標報告によると手術件数の推移は表の通り増加傾向となっている。「当院で可能な小手術を中心に積極的に施行している」との説明があった。「ここまで立派な手術室が必要か？」というせせこましい「民間根性」が頭をもたげつつも、「どうだ！」とばかりに医療活動を進める病院職員一同の意気込みにただただ敬服するのみである。

内視鏡件数では2016年度（平

成28）、上部内視鏡174件、胃ろう7件、下部内視鏡98件、ポリープ切除術9件が施行されており、外科的検査や治療に積極的な姿勢がうかがわれる。胃がんや大腸がんによる死亡率が依然として高い中、内視鏡の活躍で町民の健康はさらに改善されるであろう。頼もしい限りだ。

（5）「地域包括ケア」拠点として、役割を拡大

高橋事務長の案内で院内を見学させていただいた。医療施設らしからぬほっこりとした雰囲気の廊下をすすむと「西和賀町地域包括ケアセンター」の看板を発見。文字通り、この病院が町の「地域包括ケア」の拠点としての役割を担っていることがわかる。一方、認知症の診断治療では医師を中心とした認知症初期集中支援チームが組織され、認知症外来も開設されているという。先述したとおり医科歯科連携による在宅医療支援も展開されている。「地域包括ケア」への地域の拠点病院らしいかかわり方が模索され、役割が拡大されていることが実感された。2015（平成27）年4月からは病院内で通所リハビリテーション事業（週2回、定員20名・送迎あり）が開始されているとのことであった。

訪問診療、訪問看護の実施数は、意外だが、減少傾向である。臨床指標報告では「平成26年度から、入院患者の増加を病

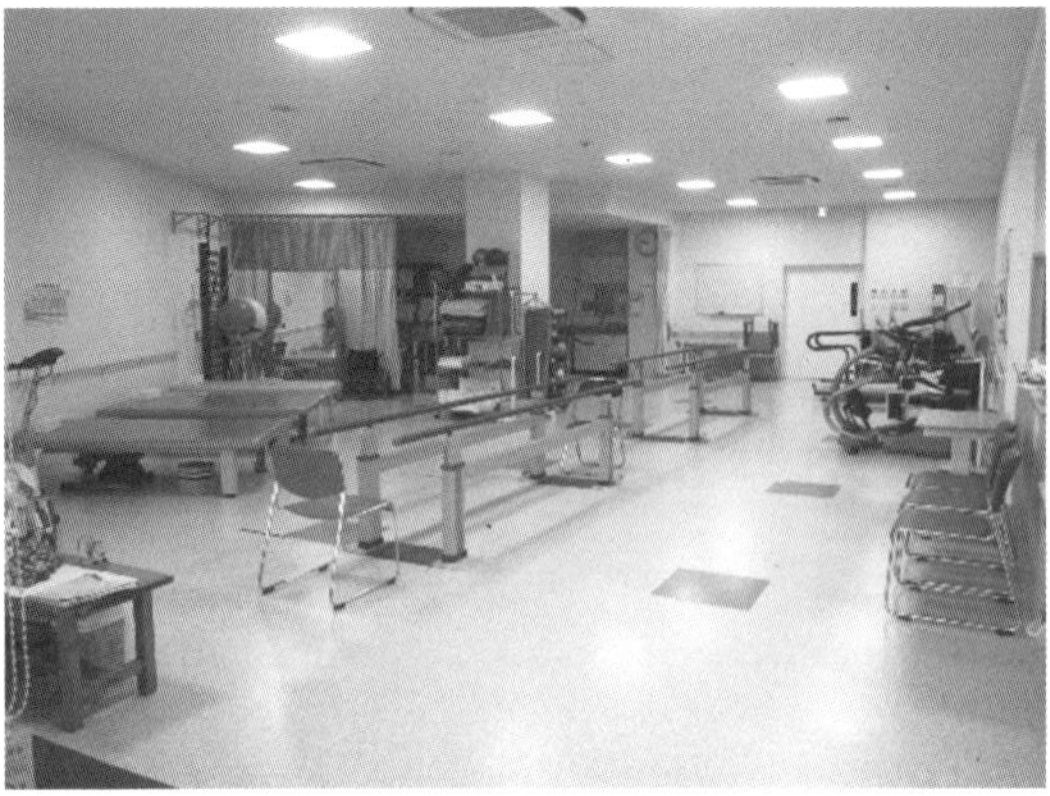

広々としたリハビリテーション室

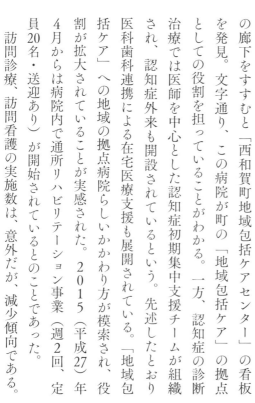

手術件数

	H26	H27	H28
外来	3	5	7
病棟	2	10	18
合計	5	15	25

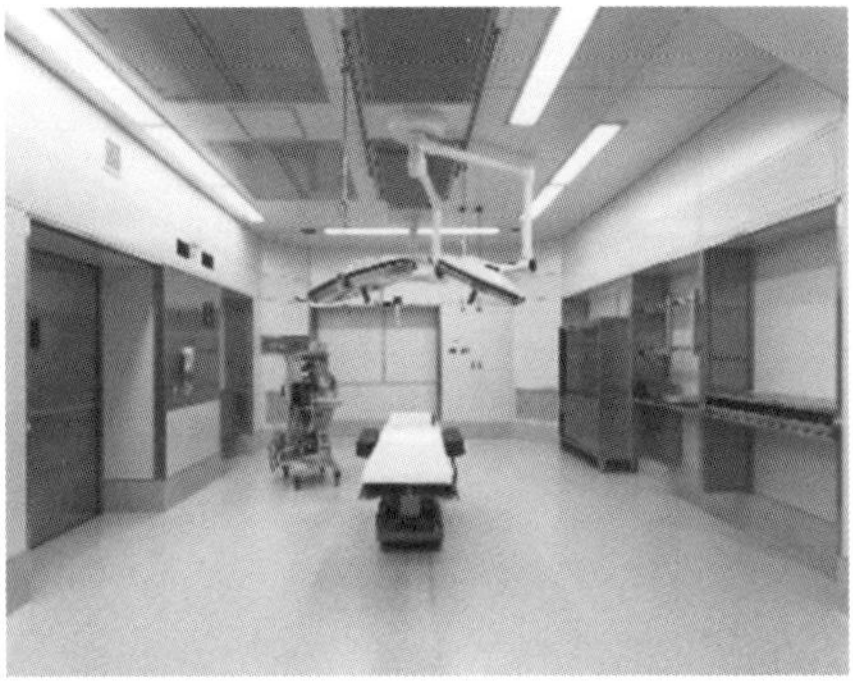

40床の病院にピカピカの手術室

院運営の柱とした。そのため、訪問診療、訪問看護の例数は大きく減少した。今後は医療ニーズの高い症例を中心に訪問診療、訪問看護を施行して行く所存である」との説明がある。町内の開業医さんとの在宅医療連携については、詳しく聞くことができなかったので、次の機会の宿題としておこう。

死亡統計は別表の通りとなっている。

「西和賀町は、高齢化率は上昇しているが、高齢患者数は既に減少傾向であり、それを反映して、死亡者数はプラトーになっている」との解説があった。

（6）木のぬくもりのある「みんなの家」のような病院

町立西和賀さわうち病院の基本コンセプトは「木のぬくもりのある『みんなの家』のような病院」だという。院内廊下の壁は天然木が貼られ、天井や廊下、照明なども暖色系で統一され、ほっとさせる空間が演出されていた。

院内の一角には、障がい者のみなさんが運営する「カフェ・風」があった。手作りパンなどが並べられていて、心和む。また、院内では地元で生産された木質チップを燃料とするボイラーが設置・稼働（写真）していて、エコフレンドリーな運営が行われている。

（7）町立西和賀さわうち病院の経営概況

高橋事務長から、以下の資料に基づき2016（平成28）年度における病院予算の状況について説明を受けた。当年度においては収入予算8億7719万7000円、支出予算9億9184万6000円を組み、最終損益で△1億1464万9000円を予定しているとのことであった。

病院内におかれた西和賀町地域包括支援センター

訪問診療・訪問看護		H26	H27	H28
介護保険	訪問看護	590	137	218
	居宅療養管理指導	97	54	46
医療保険	訪問看護	3	12	6
	訪問診療	97	56	51

棒グラフの上段が収入、下段が支出を示しているが、一目見てわかるのが、医業収益の基本である「入院収益」及び「外来収益」の合計が「給与費」とほぼ同じということである。ここでいう「給与費」は病院の全「人件費」を示しておらず、他医療機関からの医師支援は「応援診療費」、間接的業務に携わる職員や出向中職員の人件費は「業務委託費」に入っていると考えられるので、基本的医業収入で人件費すら賄えていないというのが実情であろう。こうした状況を補てんすべく当年度にあっては2億930万円の「一般会計補助金」収益（総収入の24％）が計上され

死亡統計

	H22	H23	H24	H25	H26	H27	H28
診断書	54	40	47	41	44	45	48
検案書	3	10	3	6	8	7	0
合　計	57	50	50	47	52	52	48

ている。この補助金収益は西和賀町一般会計からの繰入金である。

こうした経営の傾向をどう見るかが問題である。大前提として、そもそも自治体病院が民間医療機関には不可能な「いわゆる不採算医療」を担っており、その「対価」として補助金等を受療しているという性格上、当病院における「一般会計補助金」も実質上医業収益の性格を含んでいるという基本的事実を確認したい。そして、こうした病院への繰入金の許容と理解は、時代を超え「深澤村長が打ち立

カフェ「風」

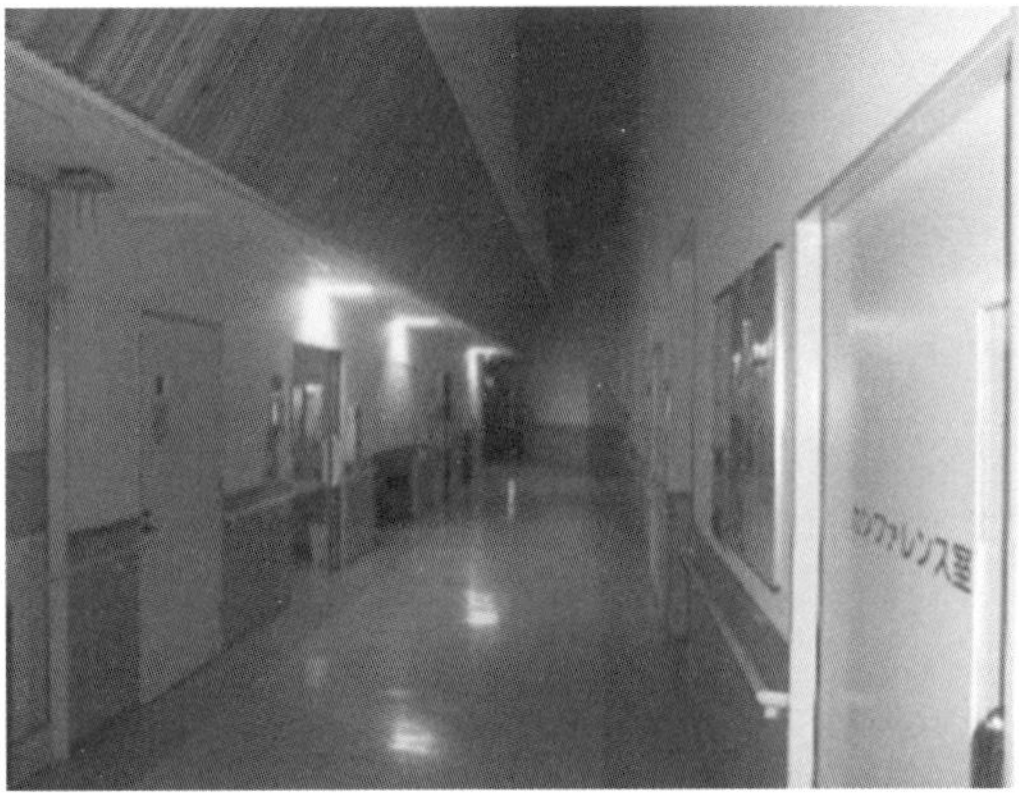

暖かな照明の廊下

木質チップを燃料とするボイラーが稼働

平成28年度収支予算の状況（単位：千円）

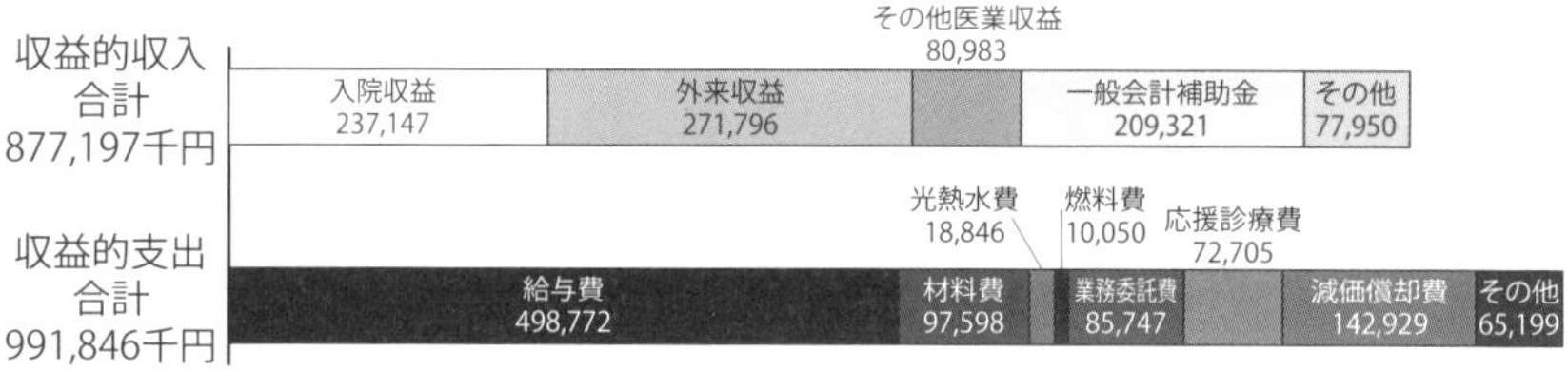

てた『生命尊重行政』を存続させたい」と願い、南部牛のごとく粘り強い運動を継続してきた西和賀町民の熱い思いが根底にあればこそ成り立つのではないか、と考えるものである。

高橋事務長はこう語る。「現状では、減価償却前においては黒字となっています。何とか減価償却費を捻出できるよう黒字に持っていきたい。そのために一般病床看護基準の『類上げ』を検討中です」。なるほど、思わず、電卓を弾きたくなってくる。いわゆる「捕らぬ狸の皮算用」であるが、全国どこでも事務長は事務長、考えることに変わりはない。健康福祉課の佐々木課長がレクチャーの中でぼやいていたのを思い出した。「病床の点数が上がると国保の医療給付費が上がって、保険料にも影響してくるんですよねぇ…」。同じ西和賀町の医療系事務幹部でも、いろいろあるのだなあと感じ、これからこの病院はどう発展していくのか、西和賀町の保健・医療・介護はどうなっていくのか、分厚い雪に閉ざされた病院にさようならを言いながら、ぼんやり考えつつ宿舎の沢内バーデンへと向かった。

雪明りの中の町立西和賀さわうち病院

資料編

- 「いのちの館」深澤晟雄資料館ガイド
- 深澤村長が力を入れた「広報さわうち」

「いのちの館《やかた》」

深《ふか》澤《さわ》晟《まさ》雄《お》資料館

〈資料館事務局〉

〒029-5614　岩手県和賀郡西和賀町沢内字太田2-68

TEL＆FAX 0197-85-3838

メールアドレス：masao@nisiwaga.net

NPO法人 深澤晟雄の会

事務局：深澤晟雄資料館内

ホームページ：www.fukasawa-masao.jp

ここは「いのちの発信基地」です

「生命尊重こそ政治の基本」との信念のもと「雪と貧乏と病気」の三悪追放に命を賭けた「深澤精神とその業績」に学び、生命尊重の理念を後世に、世界に発信する資料館です。半世紀前の1957(昭和32年)に誕生し、約2期8年の深澤村政が残した資料は「生命軽視」の風潮にさらされる今日、多くの示唆を与えてくれます。

この資料館は、生命行政の理念・実践を継承しながら「生命尊重の深澤精神」を伝えて行く「いのちの発信基地」としての使命を担っています。

記念スタンプにお使い下さい。

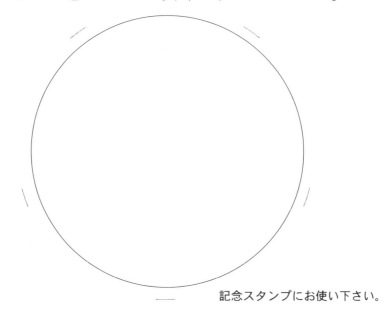

深澤晟雄略年譜

1905(明治38年)　12月11日旧沢内村太田で誕生
1924(大正13年)　岩手県立一関中学校卒業
1925(大正14年)　第二高等学校理科に入学
1931(昭和 6 年)　東北帝国大学法文学部卒業
1932(昭和 7 年)　台湾総督府(勤務)
1937(昭和12年)　満洲拓殖公社(勤務)
1939(昭和14年)　満洲重工業東辺道開発公社(勤務)
1943(昭和18年)　北支開発山東鉱業会社淄川炭鉱(総務部長)
1946(昭和21年)　郷里にて農業に従事
1948(昭和23年)　佐世保船舶工業株式会社(総務部次長)
1952(昭和27年)　日東開発工業株式会社(勤務)
1954(昭和29年)　旧沢内村教育長(48歳)
1956(昭和31年)　旧沢内村助役(50歳)
1957(昭和32年)　旧沢内村村長(51歳)
1965(昭和40年)　1月28日福島医大病院で死去(59歳)

深澤村長時代の主な業績

1957（昭和32年）　第18代村長に無競争当選
保健婦３人配置・保健委員会発足

1958（昭和33年）　ブルドーザーによる除雪開始
70歳以上に「養老手当金」給付

1959（昭和34年）　東北大の医師迎え病院体制整う
乳児死亡率３分の１に激減

1960（昭和35年）　65歳以上の医療費無料化
沢内病院長に加藤邦夫医師就任

1961（昭和36年）　乳児と60歳以上の医療費無料化

1962（昭和37年）　全国初の乳児死亡率ゼロ達成
川舟診療所が落成

1963（昭和38年）　盛岡までの冬期定期バスを確保
「保健文化賞」受賞
増田進医師副院長に就任

1964（昭和39年）　母子健康センター建設
自治体初の岩手日報文化賞受賞

現代にも輝く半世紀前の地域医療計画

1962(昭和37年)に策定された「沢内村地域包括医療計画」は、「現代にこそ必要な目標だ」という声が多く、半世紀前の計画が再評価されています。

(計画の目標)

1. すこやかに生まれる
2. すこやかに育つ
3. すこやかに老いる

これらの目標を実現するため、

- だれでも(どんな貧乏人でも)
- どこでも(どんな僻地でも)
- いつでも(24時間365日生涯にわたり)

学術の進歩に即応する最新・最高の包括医療サービスと文化的な健康生活の保障を享受する必要がある。

顕彰碑文

（深澤晟雄氏業績）

沢内村の自然は美しい　然し　冬季は激しい豪雪のため原始社会に還り交通はもとより　産業も文化も麻痺状態に入り　しかも　生命を維持する最低の医療手段さえ失う生活を余儀なくされた　昭和三十二年深澤晟雄氏村長に就任するや　理想高く正義感の強い氏は　この自然の猛威を克服することを悲願として奔走　ついに村と県都盛岡まで冬季交通を確保し　特に医療行政において老齢者　乳児に対する国保の十割給付を断行　村民の平均寿命の延長　乳児死亡率零の金字塔を打ち樹てたことは村史に銘記すべき不滅の業績である　　六千村民

氏の輝かしい偉業を受継ぎ　更に本村の発展と飛躍を期し「村民の道標」として　茲に氏の胸像を建立永く記念するものである　　1966（昭和41年）9月建立

住民の生命を守るために私は命を賭けよう

1963（昭和38年）2月2日　冬期交通バス開通式に臨む深澤村長

深澤村長時代に使っていた執務机

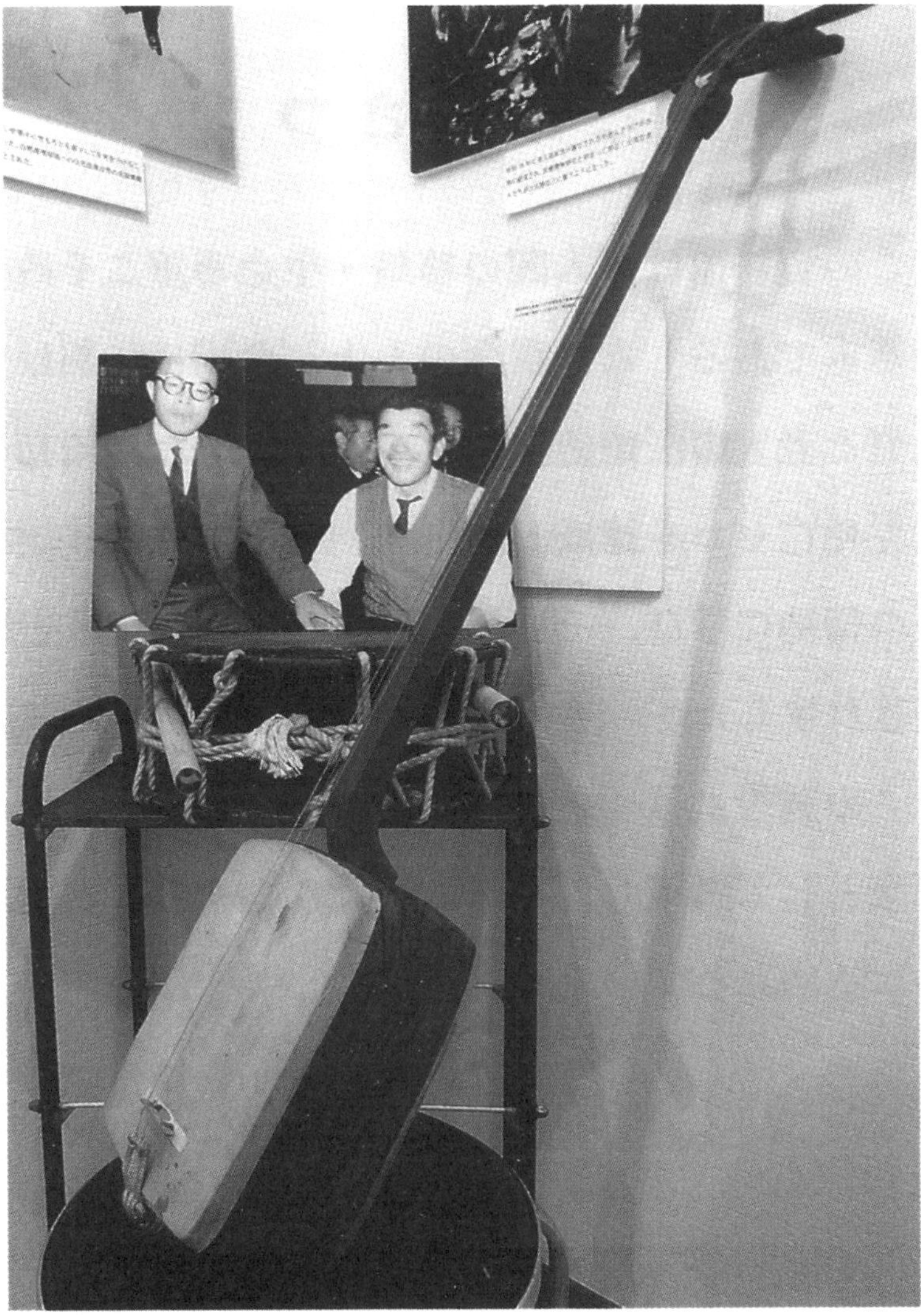

深澤村長と二人三脚で生命行政を推進した
故高橋清吉さん（写真右）と氏が愛用した
太鼓と三味線。

「赤ちゃんは村の宝もの。大事にしなさいよ」との深澤村長の言葉に保健婦たちは日夜を問わぬ家庭訪問を行った　1968(昭和43年)映画「自分達で生命を守った村」より

資料館展示室

資料館には各種の映像資料があり、50インチ
テレビの大画面で視聴することができます。

東西10km・南北28km　6,000村民の元へ
4人の保健婦達それぞれの担当地区目指して家庭訪問に出発
1968（昭和43年）映画「自分達で生命を守った村」より

豪雪モデル住宅第一号(現在の資料館)

1963(昭和38年)沢内病院長の加藤邦夫先生が豪雪対策モデル住宅を自らデザイン・設計し、沢内病院の看護婦寮として使用した。

「老人医療無料診療
発祥の地 記念碑」

1960(昭和35年)日本初の［老人医療無料化］を実施した記念として、1983(昭和58年)12月全国からの浄財により建立。

資料館のご案内

■ 入館料 ■

大人・大学生　300円（20人以上団体250円）
中・高校生　200円（20人以上団体150円）
小学生以下　無料

■ 休館日 ■

火曜日（火曜日が祝祭日の場合は翌日）

■ 開館時間 ■

10時から16時まで

■ 館内では ■

☆ 時間のある方は50インチのテレビでビデオをご覧になれます。
☆ 深澤晟雄の生涯を描いた及川和男著「村長ありき」など販売しています。
☆ 村長執務机の上に感想ノートがあります。執務机を使って感想など自由にお書き下さい。

・・・資料館へのご案内・・・

電車の場合

JR北上駅からJR北上線でほっとゆだ駅で下車。バスまたはタクシーで沢内方面へ。バスの場合は深澤晟雄資料館前で下車（所要時間は30分）、信号から「深澤晟雄資料館」の看板の方向に徒歩２分。

タクシーは、ほっとゆだ駅から20分。

車の場合

秋田自動車道湯田ICまたは国道107号線から沢内方面（県道１号線）に向かい、西和賀町役場沢内庁舎を目指す。沢内庁舎手前の信号に深澤晟雄資料館の看板があり、その信号を左折する。

湯田ICから車で20分。

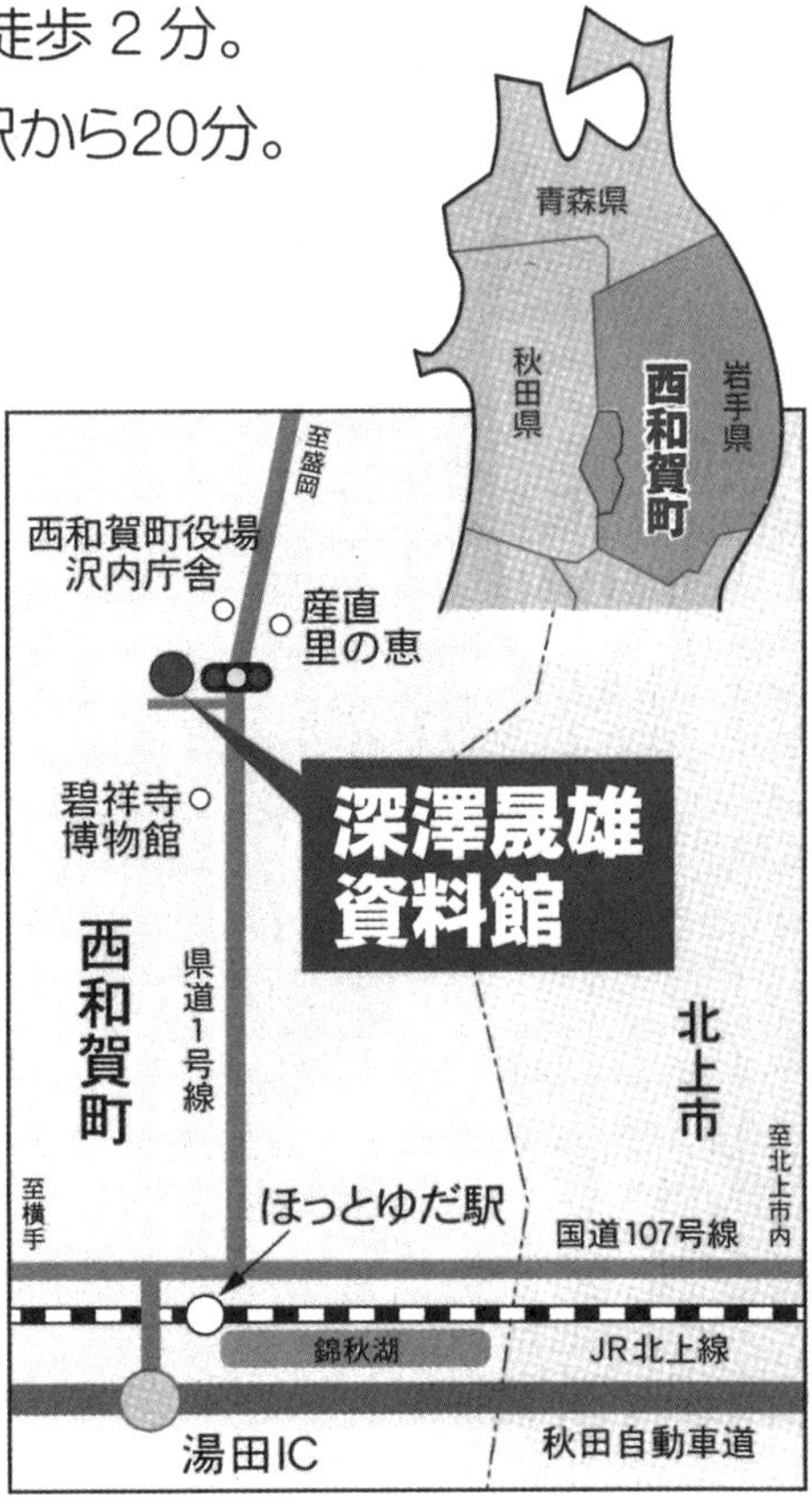

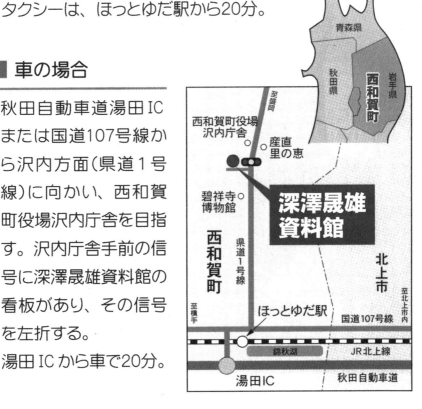

昭和30年７月20日　　広報さわうち　　第５号　　（2）

座談会

時　七月十三日
主催　社会教育委員会

出席者

三浦昭又（アカシヤクラブ）　高橋貢一（井大青）
刈田三治（全）　全　吉夫（蛭森農研）
川村剛造（新町青）　吉田勝夫（若畑青）
高橋秀男（全アカシヤ）　新田数雄（貝沢青）
全　勝利（分沢青）　佐藤昌記（拓友会）
内記達男（前郷青）　岩井一雄（貝沢青）
深沢哲明（太田青）　多田隆次郎（全）

社教委員一同
教育長
司会　加藤宏泰

青年団の現状とその有り方

司会 今日は社教主催で地域青年団、四Hクラブ、の懇談会をもっていただきましたが、これは、青年自体が互いに協調し、活発化して行く様、社教がお力添えをしたいと言う意味であります。どうぞ、心おきなく活発に意見を交換して下さい。先ず教育長さんから。

教育長 社教と皆様方との関係は上下の関係でもなく、命令とか統制されると言う関係でもなく、そうした団体を大いに助長させてやる様協力するのが社教の任務です。従って、青年団運営にはどんな障害があるか、之を乗り切るにはどうすればよいかを、皆様と共に胸襟を開いて語り合いたい。そして御賛同があれば、今後もこうした何らかの会合を継続致したい。又各種の性格をもった青年団の共通したものを通して一つの連絡機関が出来れば、その組織された力で色々難関を超えて行く事が出来るかも知れない。

各会の現況

司会 それでは、各団体の性格なり内容などを話して戴きましょう。

川村 新町には青年団、アカシヤクラブ、野球クラブ、文芸サークル、ステップクラブと五つの団体があります。以前は、青年団の中に夫々の部があったが、団員の出入りが大きく、青年団内だけでは活動がにぶくなるので、団外にこうした専門的団体が出来ました。そして、青年団は演芸会、お祭、陸上競技のような一般文化事業のみに重点を置いて居るのが現状です。

高橋（秀） アカシヤクラブは四Hクラブの組織内にあって、会員は九名です。全部男ばかりで、野菜作りを色々研究し合い、又、啓蒙運動をやって居ります。

内記 前郷青年団は会員二十三名です。人数が少いので資金面が困る。今年は特に教育映画を公民館でやりたい。ステージを作りたいが社教からも援助を受けたいものだ。

高橋（昭） 分沢青年団は三人の執行委員を選出してやって居るが若い人々のみで、さっぱりやって行けない。指導者がないので困ります。青年学級によって外部の事を教えられ、公民館を大いに活用したい。会員は十八人位です。

高橋（一） 井大青年団は会員十三名中、女子は九名ですが、男ばかり中心になって、女はさっぱり出らない。父兄の心配と、途中からさびしいと言うのが原因のようです。又、団も嫁をもらうと会を止めてしまうことも困ったものです。

高橋（吉） 蛭森農研クラブは、二十八年頃から集まりを持った。動機は、今迄の農業では安定した生活はない。労力の負担を軽くし、経営を合理化しようと言うことでした。会員は十一名。年令層は二〇代から四〇代迄あるので、若い人々が遠慮するのが一つの障害です。地域の人々から良く理解してもらわないと立派に育ちません。

深沢 太田青年団は会員七〇名、総会の出席は四〇名位。女子も幹部にして居る。今年は講演会を多くやりたい。資金が一番の問題。

吉田 若畑青年団は会員二五名。会費は取らず、刈り払い等で収益を計って居ります。

佐藤 貝沢拓友会は開拓団の人々が組織し、生活と直結して居る。たゞ、青年団の中心になって居るので華やかな事をやる余裕がない。

岩井 貝沢青年団は所謂地域青年団で、他の所と余り変りがない。

司会 それでは資金の面について何かよい方法がありますか。

高橋（一） 今春山の刈り払いをした。出席率は良く、不参加の者からは賛助分の会費をとった。

深沢 太田では出ない人は賛助の半分を出します。

高橋（秀） 新町では映画や演劇で得ています。

司会 次に、各会での最高年齢は

一同 新町二五才、分沢二四才、前郷二三才、アカシヤ二五才、太田二三才、井大二三才、蛭子森四三才、若畑二〇才、貝沢二八才、拓友会、六才。

ほしい横の繋がり

司会 その他の悩みは、

川村 新町は会員が多すぎて統制がとれない。脱落も困るようだ。

高橋（若） 部落の人々と遊離してる。

司会 婦人団体との協力について

川村 大いに協力し合って行きたい。生活改善や興行物の開催についてもお互い連絡をとりたい。

金森（社教） 各団体の横のつながり、及び研究成果の記録はどうですか。

高橋（秀） アカシヤでは湯田地区に四Hクラブの青少年協議会があって、七月のクラブ大会に研究報告し、九月の県大会にも同様発表します。又、一人一研究をやって記録に残してます。四Hクラブは新町、鶴飯、蛭子森、長瀬野、下之沢にあります。

三浦 文芸サークルでは沢内文芸同好会をつくりたいと考えて目下交渉中です。

川村 横の連絡を取りたいと思っても他の団体のことが分らないから出来なかった。

教育長 この機会に各団体の連絡協議会を作ったらどうでしょうか

一同 大賛成です。

高橋（若） 他の会の様子もよく分るようだし、是非必要だ。

川村 各団体の様子は広報に出してもらうと良い。

資金の使い道

司会 協議会の問題は後にじっくり相談することにして、次に資金が入ったらどんな風に使いますか

川村 陸上競技、図書の購入、スポーツ用具、団報等に使いたい。

深沢 洋和裁やスポーツ用具

高橋（秀） 会報発行を充実したい。

三浦 バドミントンを買いたい。

高橋（若） 生活改善に向けたい

教育長 資金資金と言うが、一体それで何をやるかと言うことの検討が必要だ。第一は社会奉仕的な面の仕事。第二は一ケ年がかりの研究的面。第三は行事的なもの。この三つが団の資金の出る方向だと思う。これを中心に年間の計画[illegible]こうして、各方面に大いに活動すれば、[illegible]た地域の人々から自然に[illegible]ると思う。今後、ナメコ、椎茸、[illegible]災害対策事業と結び合って、それらに労力奉仕をなし、その報酬を得られる様に努力することが必要である。

高橋（秀） アカシヤではヒナを大量に購入して、安くなった鶏卵をもらって千円位出来た例がある

教育長 次に、委員会に巡回文庫があるから、大いに利用してもらいたい。近く新刊書が一万五千円位分入ります。

高橋（秀） 図書の購入は青年団と話し合って、その希望のものを買っていただきたい。

教育長 青年学級を大いに活用してもらいたい。そして、青年学級は自分達でやるんだと言う気持でもり上げてもらいたい。

川村 出稼ぎに行った人々がみた[illegible]

金森 たしかに、[illegible]

川村 年齢的に[illegible]どうも感情がぴったりしない。

深沢 太田では、二〇才前後の高齢者が大いに協力して資金面を世話してくれるのでありがたい。

高橋（秀） 新町では、「クサトール」の薬をかけて尿等の雑草をとったがとても良い成績だった。

司会 連絡員を選出したらよいと言う声が強いようですから、話し合って見ましょう。

一同協議の結果、連絡代表者深沢哲明（太田）、連絡員に吉田勝夫（北川目）、村上正明（川舟）、高橋宮一（猿橋）、福岡行次（太田）、高橋秀男（新町）の各氏が選ばれ、一同再会を約して解散した。

婦人の力で明るい村に
婦人連絡協議会総会

村内各婦人会の会長、副会長を会員とする沢内村婦人連絡協議会定期総会は、会員十七名出席して去る七月九日午前十時より川舟小学校図書室に開会され午後一時五十分閉会した。

この日は二十九年度決算の承認と、三十年度予算を議決した後事業計画について慎重審議し、特に三十年度重点事業として左記の事項をとり上げた。

同日は来賓として石井教育委員長、深沢教育長、川舟小高橋校長、教委深沢主事出席し、激励又は助言を与える等炎暑の中にもかかわらず、熱心に質疑応答が重ねられた。

重点事業

一、節米運動　今回の水害により田の欠畝流失冠水等により、飯米の不足を来したことは自明のことである。これを事前に緩和するには、押麦、粉、ウドンを利用する以外にないので、この趣旨徹底をはかること。

二、家族計画運動　母体保護と計画生産のため受胎調節運動の展開を計ること。

三、蚊、蝿、鼠の駆除運動　伝染病予防の上から、か、のみ、ねずみの駆除に努めること。

なお三十年度事業実施計画

一、婦人講座
二、敬老会
三、講演会
四、生活改善発表会
文化祭に一婦人会一名宛発表者を選出すること。
五、婦人講座

を決定した。

2. 深澤晟雄氏、助役に選出　1956（昭和31）年9月30日

（1）　第18号　広報さわうち　昭和31年9月30日

農協を伸ばす村
こそ伸びる村

広報さわうち

発行所
岩手県和賀郡沢内村役場
電話 猿橋 番
発行人……石川 [illegible]
編集人……深沢 晟雄
印刷所……
毎月1回20日付発行

助役に深沢晟雄氏
新教委五人の顔ぶれも決る

村民が深い関心を寄せていました助役の後任、及び新教委法による委員の顔ぶれが去る九月二十九日、村会の同意を得て決まりました。

助役の方は、この八月に内記伊八郎氏が退職してから、中々適任者が見当らず、すい分困っていました。そこで、村長と議会で色々と話し合った結果、前教育長深沢晟雄氏が最適任であることに意見がまとまり、去る二十九日の村会で全議員がこぞって賛成しましたが、村行政が非常に行きづまっており且つ、湯田村との合併問題をひかえて、内外共に重大な時、深沢氏の助役就任は村民全体からも大いにその活躍を期待されています。

次に既に御存じのように、教育委員会法が今度改正されて、今までの委員は村民の選挙であったものが、今度は村長が村会の同意を得て任命することゝなりました。そこで、当村でも、さまざまな角度から検討して、次の五人の方々を選任することに、この村会で同意を得ました。

加藤豊作、米沢岩太、太田祖likely

田中正平、石井一二三

尚教育委員長及び教育長は、この五人の委員の互選によって決定されますが、来る十月一日に初の委員会が招集されますから、その時に決る筈です。

牛の品評会

来る十月十二日午前十時から、牛の品評会が猿橋学校前で行われます。今年も短角仔牛が主ですが来年からは乳牛や成牛も含まれる予定です。

又、牛市場は十三日新町、十四十五日川舟で行われます。

定高の校庭を擴張

定時制沢内分校のクランド拡張工事は、八月末から、週間かかって漸く作業を完了しました。

この工事は県営事業所の計らいで、ブルトーザーが使用され、定校の生徒も大いに奉仕して、約一町歩の非常に立派な校庭が出来上りました。来る十月六日にはそのグランド開きとして、村内中学校対抗野球大会が行われる予定です。

尚村内有志の寄附によって、コンクリートの校門もきれいに出来上りました。

川舟の高台に新しく明るくて立派な偉容を誇ってそびえ立つ川舟校

――8月25日落成――

税金に地域差を

政府はこんど、農業事業税の創設を考えています。一体我々農民にこれ以上何をとりあげようというのでしょう。所得税、県村民税等々もろもろの税金の他に自転車リヤカー、家畜に至るまで課税しているのに――

私はそこで「非文化地域の控除」ということを提唱したい。逆に言えば「文化恩恵税」でも構いません。町の生活と村の生活を比較して見ましょう。東海道、横黒線共に三等車は同じ料金です。児童の通学距離は一里もあるところもあります、物を買うにも然り、同じ百ワットでも電気は暗い、映画は月に一回、それでいて一万円の収入には地域の甲乙なしに同じ割合の税金です。

「何に構いませんみんな東京へいらっしゃい」というかも知れません。とんでもない日本全国皆東京に集まったら大変なことでしょう。それでなくとも百姓を嫌っている若者は東京へ町へと出たがるのです。健康で明るい最低生活は憲法は保障している筈です。どうしてもこの不公平を是正するには非文化地帯控除か文化恩恵税で公平にする以外ないと思うがいかゞです。

そうすれば何時の時代にも割の合わない立場に置かれている農民に「農業事業税」などという新税を設けてはじめなくても充分済むと思うが河野農林大臣如何なものでしょう。

―久保俊郎―

作柄は四割減

去る九月十九日以降の異常低温によって村の稲作は近年にない被害をうけました。

農業委員会、共済組合では連日作柄調査に歩いて居りますが、全村的には四割減、六分作予想以上のひどい被害であることが判りました。村北貝沢方面は円熟のところもあり総じて猿橋以北川舟方面にひどく、二、三分作のところも少くありません。

村ではこの対策に挙げて苦慮して居り、全県的に見ればいわゆる局部被害一人凶作といわれるものでそれ丈に声を大きく実状をうったえる必要があると考え、九月二十九日、村長、議長、農業委員長が左の五項目について取りあえず県に陳情に行きました。

一、再生産に要する営農資金の貸付
二、借受営農資金、農業手形の返済期限の延期
三、薪炭原木の払下げの斡旋
四、飯用米の特別価格の配給
五、種籾の斡旋及購入費の補助交付

恒例の赤い羽根

赤い羽根も今年で十年、恵まれない社会の片隅みの人達へ暖い援護の手を差しのべましょう。今年の村の目標は昨年より二三万円増、御協力をお願いします。

部落名	目標額
貝沢	四、二二五円
若畑	五、八〇五円
川舟	一〇、五四〇円
東猿橋	八、〇八五円
猿橋	一〇、二三〇円
太田	七、六五五円
鍵飯	二、四三五円
前郷	六、四〇五円
新町	一〇、二五五円
大野	七、八六五円
合計	七三、四〇〇円

村のうごき

八・四　国保運営委員会
八・五　教育委員会
八・六　村議会全員協議会
八・七　全国母子家庭芸能コンクール（於公会堂）
八・一三　地方自治法改正説明会
八・一三　国保巡回慰安映画一六まで
八・一四　教育委員会
八・一五　駐在員会議・教育長会議
八・一七　新町局落成式
八・一八　村議会
八・二一　猿橋小創立八十周年式典
八・二四　合併促進委員会
八・二五　川舟小学校新築落成式
八・二七　ラジオ岩手株主総会（盛岡）
八・二八　会計検査員来村
八・二九　教育委員会臨時会議

3. 村長初当選　1957（昭和32）年4月30日

（1）　第26号　広報さわうち　昭和32年4月30日

報さわうち

発行所
岩手県和賀郡 沢内村役場
電話猿橋局1番
発行人……石川　包
編集人……太田　祖電
印刷所……平庭印刷所
毎月1回30日付発行

村のうごき

四月六日　駐在員会議
八日　選挙管理委員会
一一日　高校入学式
一五日　選挙管理委員会
一六日　村議会
一九日　議員委員会
二〇日　選挙管理委員会
二四日　村内校長会
二六日　婦人学級（後援）
牛乳処理所入札
二七日　婦人学級川舟

村長に 深沢晟雄氏 無競争当選

村選管では、石川現村長が五月九日をもって任期満了となるので去る二十一日「村長選挙を四月二十八日執行」する旨の告示を行った。然し届出の締切期日である二十四日に至るも、立候補者は前助役の深沢晟雄一人であったので投票は行わないことゝなり、同二十八日午前十時より役場において選挙会を開催、深沢氏の当選を確認即日当選証書が附与された。従って深沢晟雄氏が沢内村の第十八代村長として、五月十日正式に就任今後四年間の村政を見ることゝなった。

深沢晟雄新村長の略歴――一関中、二高、東北帝大法文学部卒、その後中国の上海銀行を振り出しに台湾総督府、満拓公社、東辺道開発会社等に勤務、ついで北支山東鉱業の炭鉱長、終戦後帰国して佐世保船舶の次長、日東開発、其の他の会社重役を歴任、二十九年より帰村して、沢内村教育長、助役を経て今日に至った。

乳牛二五頭導入

このたび有畜農家創設特法により乳牛二五頭が新たに導入され総頭数一四〇頭になった。又前に導入した乳牛はその搾乳量日産一石以上になり牛乳処理所の建設決定と相まって、沢内酪農もいよいよ軌道にのってきている。

さあ、これからは忙しいぞ！早くも苗代作りに懸命だ。けれども水はまだつめたい。
（4月28日太田にて）

次期村長はこう考える

【当選が確定された深沢氏を二十八日訪問いろいろ御抱負を伺って参りました。文責T】

○御当選おめでとうございました

×いやあ、おかげさまで、無競争とは夢にも思っておりまんでしたが――いざこういうことになってみると益々責任の重大さを感じております。

○これからの新村政をお伺いいたしたいと存じますが

×とりたてゝ申上げることはありませんよ、先輩各位の示してくれた方向をやっぱり歩いていくだけですね。大体地方自治のやり方に、まあ本村の場合などでも石川村政とか照井村政とか、個人の名前を冠していわなければならんという内容はないのが本質だと思うんだ、仕事はみんな継続的な仕事なんですからね

○でも施政の上になにか重点があってもいゝと思いますが

×まあ、おいおい勉強して、これが私の方針、というものも、おのずから出て来ると思うけど、まあ　しいていえば、村政の上に政策の是々非々は大いに論じてもらいたいんだが、人間的関係の感情的対立、もしあるとすればですよ、有害だと思うんで和をもって尊しとする、これを第一に考えたいね、二番目は村の各機関の協調だな、農協、病院、教委等々、農協はなんといっても村民の経済の面の元締めだし、これと一体的に村政を進めたい、てんでんばらばらなあり方をすっきりしたものにもっていきたいということ、それから第三に、政治の倫理性ということ、まあ当局も議会も村民の信頼をうけるような、つねに自己批判を加えてゆくということ村民のためのという公僕精神、まあ倫理性を強調すること、それに対外的に信用を得てゆくやり方を、まあ第四にあげるか、村の外交というかそうした面の信用を回復していかねばならんと思いますね、営林署関係、土木関係、県の関係、病院のことについては大学との関係等々村の折衝面あらゆる方面に沢内の信用をあげてゆかねばならんと思っておりますね。これらを私は一口に信頼の政治、信頼の外交という風なスローガンで呼んでおるが

○具体的な目標はどういうことになりますか

×懸案事項の解決、いろいろ現在やっていることの早急な解決、新しくは国有林の解放を是非うけたいとか。交通、通信機関の整備とか、貯蓄の奨励とか数えきれないほどある。まあ急がずみんなの意見を聞いてやる積りだ。

○どうもありがとうございました

新駐在員きまる

村では本年度の部落駐在員を、次の人々にお願いすることになった。

大野　泉川礼治
新町　加藤豊保
前郷　佐々木長市郎
太田　新田三次郎
鍵飯　刈田根富
西猿橋　田中正平
東猿橋　桧山松三
川舟　石井一三
若畑　石川慶蔵
貝沢　田中勝男

納税のお知らせ

五月には次の村税の納期です。
一、自転車荷車税　全期
一、犬　税　全期

自転車荷車及び犬税は四月一日現在において賦課する村税であり両税ともその所有者に対し課される税です。

自転車荷車を新しく取得された人及び既所有者の人で未だ鑑札の交付を受けておらない人は必らず鑑札の交付を受けて下さい。

なおこの税の賦課についてまちがい（又はあやまち）等があると認める場合においては徴税令書を受取った日から三十日以内に異議の申立をすることが出来ますから、誤賦課と認められる方はその期間内に異議の申立をされると共に納期限内に完納されるようお願い致します。

佐々木先生来る 新任副院長

こんど新しいお医者さんが着任いたしました。青森県から来られたものですその略歴は次のとおりです。

佐々木正明、昭和二年生れ昭和二七年岩手医専門部卒同二九年八月まで同校のレントゲン教室に居り、三一年三月まで青森県の六戸病院に勤務されていたもの。

共済事業振う

六百万農家のたすけ合い制度として発足した。農協の共済事業は全国的にその進展めざましく沢内村でも三十一年度目標額を二千六百万円として運動して来たが、年度末総計二千六百一五万円となり目標を完遂した。

4. 新村長、所信を語る　1957（昭和32）年5月31日

5月の議会

信頼の政治と外交
新村長、所信を語る

臨時村議会は五月十六日午前十時より会議室にて行なわれ深沢村長より信頼の政治、信頼の外交を押し進めたい旨の挨拶があり、議案を提出して助役に佐々木吉男（前農協専務）氏を収入役に深沢富久子氏をそれぞれ選任、同二時三十分閉会した。

深沢村長の挨拶要旨次のとおり、

村民の皆さんの御協力を得て今回村長に就任いたしました、果してこの重責を担い得るかどうか？

村民の皆さんの絶大な御協力を得て最大の努力をして行きたい。施政方針を述べなければならない所ですが、就任早々であり具体的財政の検討もいたしておりませんので詳細についてお示し出来ないことを残念に思っている。それで今日は私の心持ちと言うようなものを少し述べてみたい。

私は村政の進展を念んでいるものとして次のことを申し述べてみたい。

派ばつの解消—

先ず第一点として取り上げることは一切の無駄な派ばつの抗争を止めることである。そう言う派ばつがもしないとすれば幸いなことであるが少しでも一方に片寄ることがあるとすればいかんなことでありその解消に努力すべきであると思う。

各種機関の協力—

役場、教育委員会、農協等の公的機関の一体性がないことは村政にとって非常なマイナスである。

こんどはこの種機関の綜合的な協力体制の下に強力な村政の推進を期待いたしたい。

信頼の政治—

第二点として取り上げたいことは非乍村民は村政に対して信頼がないことである。当局に対する又は議会に対する不信頼と言うものは円滑なる村政の運営が期待できない大きな要素であると思う。悩い言葉で言えば「協調性」の欠如とでも言うべきものである。これは私の懸念に過ぎないとすれば幸いなことであるが村政に対して消極的なものが余々ないと言うふうに村民が考えているとすればこれは村政の運営が成り立たない。

万々の問題について特に協調性と言うものを強調し、村民の信頼ある政治を行うべきものと考える。

信頼の外交—

第四点としては以上申し述べたことを含んで外交的に十分な体制を持っていなかったと思う。

今後は村内の体制はもちろんのこと、総力を持って外交機関に最大の重点をおいて行く考えで進めて行きたいと思う。

要約すれば以上の四点が明るい村政の進展をはばんでいる要素ではないかと思いこの解消に努力いたしたいと考えている。

信頼の政治、信頼の外交、これが私のスローガンである。今後四年間私は円満なる村政の推進のためにこん心の努力をいたすつもりです。村民の皆さんの熱意ある御協力をお願いして私のあいさつといたしたい。

最後に六月の定例議会には予算とにらみ合わせて具体的な方針、方法等についてみなさんに御相談申し上げたいと考えている。

提出議案

第1号	助役選任について
第2号	監査委員選任について
第3号	昭和32年度沢内村才入才出第2次追加更正予算
第4号	沢内村消防団条例の1部改正をする条例設定について

議案審議

一号、二号について村長より、三号四号について深沢主事より提案理由の説明があった。

一号、二号については助役に佐々木吉男氏が就任である旨、又収入役には深沢富久氏が適任であるとの説明があり、是非御承認されたい旨を発言、ついで三号については例年行って来た湯田沢内の消防演習を今年も行うことになりその必要経費を予算化したものである。

第四号については消防団並に消防団員について任命権者が表彰を行い得るように条例の改正をしたものとの説明あり提案理由の説明のあと休憩し、午後二時より再会原案どおり各議案について万場の拍手のうちに可決確定したものである。

緊急質問

こゝで議案審議に入ろうとする所、北島議員より緊急質問あり

北島議員　(1)派ばつ抗争の解消をとり上げたことは誠に結構なことである。ミイラとりがミイラにならないように本日の門出をもって最後まで進めてもらいたい。

(2)各種機関の緊密な協力、これももっともなことであります。これは各機関が十分なる機能を発揮できるように上部だけの結びつき（例えば村長と組合長、専務と村長教育長と村長）に終ることのないよう、下部の者の十分な協力体制を整えなければならない。

(3)およそ信頼されない政治と言うものはどこかに欠点があるからだと思う。これはすべてに通じて言えることであるが深沢村長がこれを信頼の政治の一本にしぼった所に意義を見い出すのであり、この点についても十分なる努力を払われるよう希望したい。

(4)第四点に外部の援しょう面を取り上げているがたゞ私は村の発展と言う美名にかくれて自分がひやくするための外交がなされないようにしてもらいたい。一人の者がのびるために村の財政が食われることがあってはならないと思う。

そう言う行き方でなしに村政が第二義的にならないように御努力を願いたい。

最後にもう一つふれておきたいことは町村合併の問題であるが、湯田ダムの補償問題も解決したようであるし、これに対する村長の考えを聞きたいと思う。

深沢村長、御質問の面もあるが大部分は私に対する進言、御忠告のようですので今後できるだけそのように努力する覚悟であることをお答えします。

町村合併については県等の方針に従って努力いたすつもりです。

学校巡回行う

教育委員会ではかねて、各小学校を巡回する予定を進めていたがこのほど二日間にわたって行った。

これは主として校舎の修繕をする個所とかいろいろ壊れている所を見るもので大工さんと一緒に廻ったものであるが、このおゝよその見積りが間もなく作られる予定である。

事業計画など決める
澤内分校振興會

昭和三十二年度沢内分校第一回振興会総会は五月二十二日（木）午前十一時から開かれた。出席者は石川同振興会長以下十七名、議長選出の後議事に入り、昨年度決算報告並に本年度予算案を審議した。尚、副会長は従前四名であったのが、吉田代議員から五名案が提案可決された。会長＝石川俊氏（再選）副会長＝太田祖根教育長、松川忠氏、佐藤寿太郎氏、佐々木義吉氏、田中助右エ門氏。ついで本年度の事業計画の項では、

イ、村内中学校招待野球、排球大会

ロ、分校運動会

ハ、文化祭

の説明があり、これが承認され、行事の実施に就いては後に常任委員会を設けて詳細を検討する事になった。其の他の項では、野中慶太郎貝沢中学校長から進学問題との関連に於いて、普通教科の充実を計って欲しい旨の要望があり、高橋主事、堀井主任の説明があって閉会、休憩に入った。

この後開かれた校舎増築期成同盟会では、高橋主事の現在までの経過報告があり、議長選出の後役員を一部変更（会長＝深沢晟雄氏、副会長＝佐々木吉男氏、顧問＝石川包氏）し、議事に入った。議事は校舎増築実施に就いて

イ、新校舎の位置決定

ロ、寄付募集（約十五万円）実施

ハ、敷地の正式決定を計る

の三点が決議され閉会した。

尚、新校舎の設計は、北上市の渡辺氏に教育委員会を通じて委託された。

貸出し図書について

社教の貸出し図書を借りている人は早く返して下さい。たくさんの人が読めるように一ケ所にとどめないで下さい。

自衛隊募集について

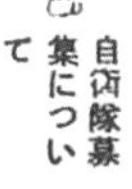

今防衛庁で自衛隊の志願募集を行なっているようですがその募集要項をお知らせ下さい（泉沢S生）

初任給は六千円

先ず応募できる資格は満一八才から二五才未満の人で学歴は中学校卒業程度となっています。

試験は第二回目は七月一日より七月一五日までのうち一日間だけ簡単な筆記、口述、身体検査が行われます。採用人員は二等陸士約一万一千四百名、二等海士約八百名、二等空士約五百名となっており入隊はだいたい九月ごろの予定です。待遇は衣食を支給し初任給は六千円で逐次昇給します。締切は六月一〇日です。詳細は役場に問い合わせて下さい。

5. ブルドーザー導入計画　1958（昭和33）年2月28日

（1）　第36号　広報さわうち　昭和33年2月28日

広報さわうち

発行所
岩手県和賀郡 沢内村役場
電話[illegible]局1番
発行人……深沢晟雄
編集人……太田祖電
印刷所……平鹿印刷所
毎月1回30日付発行

村のうごき

一日　教育委員会
五日　村内校長会議
七日　四Hクラブ研究発表会
一一日　才末助け合資金配分
一三日　駐在員会議
一四日　消防幹部会
一六日　村議会
一七日　三三年度予算[illegible]
二二日　[illegible]
二五日　民生委員会
二八日　[illegible]

ブルトーザー
開発除雪用に購入か
画期的村の計画

冬季間の交通を確保すべくかねて村では、開発公社よりブルトーザを借入れ、除雪作業を行っていたが、たまたま、その機械が故障したゝめ、予備車の派遣方を交渉していたところ、公社では予備車が速急に間に合はない旨の回答あり村では除雪作業を中止しなければならない最悪事態を考慮していたが、このたび県の紹介で、ブルトーザー、専門メーカーの小松製作所が、販売宣伝の意味をかねて除雪に協力してもよいとの朗報を得早速D、五〇型、九、五噸の新車を配置につかせ、除雪作業を実施してきたわけである。

村当局ではかねがね、開発事業の導入による村の発展等につき種々、御研究中であったが、向後の事業量の見通しに立った場合、相当量機械力の利用範囲がある事が考えられていた。一般財源を圧迫しないで、これによって独立の採算償却が出来るとの確信も無謀でないとの結論に達し、関係方面とくに、買入財源の借入の見通しや、同様ケースで成功している岩石町の最も明るい報告であり、三月には議会との話し合いを待ち購入の決意を固めようとしている。

尚同機の仕様は、七十六馬力デーゼルエンヂンで前進四速、後退二速の改良型で、同型式機械では国産としては優秀なものとの定評がある。附属品として排雪板、鋸土板等の一式がつき価格五百五十万円である。

同機の導入が実現した暁は、村の開発事業や、除雪作業に一大偉力を加えることは明らかだと思われる。

学び舎を出る人々へ

学業を巣立ち行く人々の胸は希望で、そして明るい光をたたえ美しい。様々の思い出を胸に希望の丘に立つ若人の瞳は、生き生きとして希望に溢れそしてたくましい。これらの人々の心中を去来するものは何んであろうか。民主的な社会人として生き抜いて行く誓いもあろう。自分の運命は、自分らの力で開拓して行くたくましい闘魂の所有者たらんとする誓いもあろう。ともあれ、すべての人々の限りなき愛情は、これらの若人を今日あらしめた。すべての人々の未来への希望と期待は、これらの若人の魂をゆすぶる事だろう。前途に幸あれと祈るのみ。"若い魂の明るい空へすくすくと"

（金盛）

自治功労者を表彰

県町村議長会では本年度第九回定期総会を二月二十一日に盛岡の自治会館で開き、永年勤続自治功労者として、本村の高橋重一議員（十五年七ケ月）佐々木[illegible]議員（十二年）の二氏が表彰された。

消防団長には照井氏おさる

さる二五日に開かれた消防団幹部会議で、佐々木前団長の後任について話し合った結果、団長には照井清氏を最適任として推薦することになった。

なお照井氏は国保運営委員協議会長にも就任することになっている。

私達の研究
明るい村造りのために

第四回の湯田地区農村青少年クラブの研究発表が二月七日湯本小で行われた。本村からも多くの者が出席し、今後の郷土の産業振興の上に新たなしげきと光が与えられる有意義な大会であった。

「畑苗代育苗による稲作」であけぼのクラブの照井光作が金賞を獲得、「季節託児所を開設してみて」の経験発表で湯田村の照沢さんも同じく金賞、「地域に適した作業衣の研究」や「養豚をやった体験の中からの生活に直結した発表会でそれぞれ立派なものであった。

雪の下にも灯ありて

才末たすけあい
四万余円集まる

村では旧年末助け合い運動を行なったところ、現金三六、〇六五円白米五斗四升五合が集った。村民の温かい御協力により予期以上の成果をおさめ感謝している。

二月十一日はさっそく民生委員、社会福祉協議会、青年会、婦人会などの関係者の配分会議をもった。この資金は生活扶助家庭六八世帯、留守家族家庭二世帯、遺族困窮者八世帯、医療扶助家庭一四世帯、長期入院患者一四名の人達にそれぞれ配分された。

又、この資金はこれら恵まれない人達に贈って余った分は「沢内たすけあい資金」に寄附することになった。

酪農組合
指導の面を確立
総会で事業計画

二月十六日午前十一時より岩橋小学校で組合長中村清太郎氏以下組合員二十一名が出席して総会を開き次のことを決定した。

一、指導体制の確立
（イ）奥羽山麓酪農振興協議会常置指導員の利用
（ロ）村、農協に酪農専門指導員設置
（ハ）中堅指導員の養成
（ニ）講習講演会の開催
二、人口授精事業の推進
（イ）人口授精師の派遣要請
（ロ）施設、冷蔵庫、バイク備付
（ハ）連絡機関について
三、牛乳処理所施設の強化対策
（イ）プラント施設
（ロ）クリーム分離施設
（ハ）脱脂乳の処理施設
四、集乳対策
（イ）簡易集乳所の設置について
（ロ）集乳車の運行について
五、飼料対策について
（イ）牧野改良、飼料作物の栽培
六、畜舎、サイロ等の設置について
（イ）資金対策について

審議の結果原案通り実現する様村当局並びに農協へ斡旋方申合せ役員一任と決定、次に予算に入り収入として組合員一人につき金百円として支出として講習会費四、五〇〇円、酪農関係パンフレット代二、四〇〇円、会議費六〇〇円、事務費一、〇〇〇円、雑費五〇〇円の原案通り決定、次に酪農経営指導者講習会受講者照井光外二名の有益なる発表あり午後四時閉会

教民委長に高橋氏

さる二月一四日の議会で欠員中の教育民生委員長に高橋重一氏が決定した。

（3）　第37号　広報さわうち　昭和33年3月31日

③月の議会

へき地解消に努力
村長施政方針

三十三年度の予算をはじめたくさんの重要議案を審議する定例村議会は三月十二日に開会 村長 教育長の施政、教育方針が述べられ、これに対し各議員より質疑ありそれぞれ応答した。

一三日は議案思考のため休会一四日再開して提出議案二四件について審議を続けいづれも原案どおり可決確定して一七日閉会した。村長 教育長の方針及び主な質問次のとおり（予算の解説は二面）

村長施政方針

❶へき地性の解消につとめたい、特に交通、通信によるへき地性の解消、冬期交通の確保もその一つである。湯田村、雫石町と連絡をとりながら運動を進めて行きたい又中山街道、大鶴線、の開通にも力を入れたい。

❷牧野改良は、現在その進度には憂うべきものがありどうしても機械化開発を考えなければならないブルトーザーは必要である。一台では足りないだろうが自己資金はないので独立採算制をとり特別会計としてもって行きたい。十分に採算のあう極めて安全性のある仕事であると考える。

❸国、県などからの資金導入に特段の努力をいたしたい。河川改修砂防工事、防災ダム等その分野は広大であり外資導入による開発に十分意をつくしたい。

以上の総体的施策の上にさらに

❹合理的計画的生活をする。

個人経済の確立は村を上げて解決しなければならない基本的問題である。

❺予算の編成にあたっては今までと態度を変え年間の経費を見積ってあるので今後の追加更正はあまりないと思う。節約の方針を終始一貫おし進めて行きたい。

❻村民所得の伸びは去年と比較して一割は増と考える。反収の課税標準については農業委員会と共済組合との申合を勘案するとかして最良の方法をとり村民の納得を得たい。納税貯蓄組合の育成強化に力を入れたい。

❼建設省関係七ケ所一、三三四万円農林省関係五ケ所二〇〇万円、村単独事業一三ケ所で二〇〇万円合せて一、七三七万円の土木工事を行いたい。建設省、農林省関係はこれで一応片ついたわけだ。村単は経済効果の大きい所一三ケ所を選んだ。

❽勧業関係では村の総合的開発の基本調査的なものを進めたい。

県で行う農村開発基本計画は沢内村の指定がほゞ確実なのでこれらの調査に力を入れて行きたい。

❾造林関係は今年も森林組合に依託して十町歩をやりたい

❿毎年やっている慰霊祭は廃止して遺族の森造成に持って行きたい

⓫救急車を購入したい。衛生普及をかねて出張診療なども考えて行く。医師住宅も作りたい。内科医をもう一名置きたい。あらゆる面で村民に完全なサービスをするよう心がけなければいけないと思う

主な質問

北島議員 ⑴村民所得が一割増加だと言うがその算定の基礎 ⑵慰霊祭の廃止はいかんだ。⑶養老年金制度（七五才以上）を設ける考えはないか。⑷農政の基本調査をやると言うがこの面の経費はあまりにも少ない。⑸病院の患者は年々減るようだがサービスに万全を期しているか。⑹出張診療は直ちに行うか。⑺教育委員長に教育方針を伺いたい。

村長 ⑴一応昨年までの数字を算定の基礎としている。⑵毎年慰霊祭をするのもよいが戦後十二年を経た今日では、むしろ涙をぬぐい去ってしっかりした生活の基盤を作り上げる意志を持つように指導すべきと考えその経費は遺族の森造成に向けたいと思う ⑶災害復旧が一応片づいたらなんとかして実現するよう努力したい ⑷そのとおりだが土壌検定などは農協青年部、高校、中学校の生徒なども十分やれることもある。⑸悪評はだんだんになくなろう。患者は数字的には三十二年に少し増えている。⑹救急車がなくても定期的に行いたいと考えている。

教育委員長 ⑺教育方針は教育長が説明した通りだが予算編成の重点は一中の増築と健康教育（一五万円）である。又教員研修に力を入れる。

この他北島議員より一中増築の坪数、長欠児童問題、勤務評定などについて質問あり

深沢（源）議員 病院の入院患者の回診が少ないと聞くが本当か。

村長 そういう事実はないと思うが調べた上で善処したい。

高橋（重）議員 ⑴交通通信を取り上げたことは良いが、具体的にどうか。⑵道路（川向う）整備について、

村長 ⑴年に二ケ所位はどうしても実現したい。個所についてはまだわからない。⑵地元の皆さんの御協力をお願いして今年はトラック道路として十分なものを作りたい。

泉川議員 慰霊祭廃止は今が時期でないと思うが

村長 遺族の方も了解してくれるものと思う。

その他農業所得の課税標準などについても質問あり。

佐々木（源）議員、小栗沢村有林今だに売却しないのはどうしてか。

助役 今売却することは不利であることは周知の事実だ。森林組合に依託契約をしてやって行きたいと思い何回も山を調査して石数もだいたいつかんでいる。

（この件は結局議決変更をして森林組合に依託契約することに決定した。）

藤原議員 学校給食を保健管理の問題と合せて考えてみる気はないか。

教育長 できるだけ行いたいと思うが設備の問題やなんかで金がかゝり中々できない現状だ。将来は高等学校のパンと牛乳処理所の牛乳とを利用することを考えて行きたい。

この他、三浦議員、松川議員、照井議員その他各議員より発言あり、それぞれ村長より答弁あって最後に照井・北島両議員の賛成討論あっていづれも原案どおり可決確定した。

スローガンに三貧追放
教育長方針

総合的には三貧追放をスローガンとしたい。三貧とは体の貧乏、経済の貧乏、心の貧乏を追放することでこれにより健康で（体）豊か（経済）明るい（心）社会を作りたい。

❶衛生観念が強く健康で明朗な人を作り上げるため努力いたしたい

❷心の貧乏は無智で卑屈、利己的で不和、封建的で消極的な三つの貧乏を追放し知識感情意志の正しい持ち主を作り上げたい。

❸生活の貧しさから立ち上って開発精神にもえ、風土的制約を克服して生産を高める活動的な人を作りたい。

以上の総合目標の上に学校教育の重点として

❹一中の増築ができるよう努力したい。

❺健康教育を前年同様に推し進めたい。

❻長期欠席児童の問題と取り組みその改善につとめたい。

❼教育効果を高めるよう努力したい。教員研修の推進、人事管理と人事異動の適正化、環境と教具教材の充実を計りたい。

社会教育の重点として

❽青年団体婦人団体、青年学級、婦人学級の四つの柱の充実発展を期したい。事業団体的性格から、学習活動、社会活動の形態に方向をきりかえるよう努力したい。又、それぞれの学級は、団体の学習活動の場として、広く開放し利用させるように努力したい。指導者の育成には、引き続き努力したい。

❾三貧追放のスローガンの下に、その内でも、特に保健活動を昨年同様に重点的に推し進めたい。

提＝出＝議＝案

1、過年度公共災害復旧工事施行について（橋梁、河川護岸、農業施設など総事業費1千5百3拾7万9千2百円の工事）

2、過年度単独災害復旧工事施工について（橋梁並に道路及農業施設13ケ所200万円を村単独で行うもの）

3、第一中学校々舎増築について（木造トタン葺平屋建58.44坪）

4、医師住宅並に看護婦宿舎及車庫建築について（医師住宅木造トタン葺平屋建18坪、看護婦宿舎18坪、車庫（7坪）

5、患者輸送車購入について

6、ピアノ購入について（33年と34年の両年度経費で2台購入）

7、寄附受入れについて（ピアノの購入資金として川舟、若畑の代表者より10万円づゝ受け入れる）

8、一時借入金について（現金に不足を生じた場合に借入するのでその限度は一般、特別合せて700万円）

9、10、起債及び償還方法について

11、12、（災害復旧、校舎増築、医師住宅看護婦宿舎、車庫建築資金に充当）

13、育英資金貸与条例の一部を改正する条例設定について

14、33年度沢内村才入才出予算（4千万円におよぶ年間予算）

15、33年度国保会計予算（8百万円の年間予算）

16、33年度直診会計予算（1千2百万円の年間予算）

17、消防団員公務災害補償組合規約の一部改正

18、国保の第4次追加更正（32年）

19、直診の第四次追加更正（32年）

20、災害耕地復旧工事施行について（猿橋地区1町6反の復旧を66万円で行うもの）

21、村有林売却議決変更について（小栗沢村有林の三月売却を変更して森林組合に依託契約するもの）

22、寄附受け入れについて

23、起債及び償還方法について

24、一般会計追加更正第10次予算

昭和35年12月30日　広報さわうち　第70号　(2)

病院の給食施設を完備
老令の外来診療を無償に

12月の議会

第一三回の臨時村議会は十二月一日開催され別項の提出議案を審議し、午後〇時十分散会した。この議会に提案されたものは病院の施設整備のうち、緊急を要する施設関係の給食施設、レントゲン室の整備等があり、これをおこなうための財源を一般会計から六十万円繰入れするということからこの整備のための特別会計を設置することを決めるもの。

もう一つは満六五才以上の老令者に対し外来診療費を無償にしようというための予算措置をしたものでこれらについて提案した理由から、それらに対する質疑応答を要約してお知らせいたします。

まず第一号と第二号の議案を一括上程する。

問　前年度繰越金を今回六十万円みているわけだが決算の見通しがついたのか。

答　三四年度決算の見通しがつき繰越金が出たので計上したが今の外に若干の繰越がまたあります

問　完全給食を実施した場合いままで実施した請負制との経済的状態はどうなのか。

答　請負制といいますと辺鄙な土地でもあるし品物を見付けるのもなかなか栄養士の考えるようなこんだてが出来ない場合がままあるのですが、直営にして基礎を十分にもってやりますと患者に対する食じ療法面は非常に大きいものと思っております。完全給食にした場合やはり金額も若干高くなるわけだが相当栄養価も高めて行ける自信をもっています。病気によっては医師の適確な指示があればこの面でもかなり早く直ると思われます。現在は二千百カロリーですが完全給食にしますと二千四百カロリーとなります。

問　完全給食の時期はいつごろか。

答　工事が出来れば一月から実施の段階に入りたいと思います。

この他レントゲン室整備についてはあのまゝでは放射線が外にもれるという危険があるので整備する旨話あり了解する。以上二件の議案についてはこれで原案のとおり可決。つゞいて議案第三号を上提村長が提案理由の説明に立つ。

保健活動の一端

この提案の骨子は御年寄りの健康について何かの施策をしなければいかんと考えておったものであり、今回こういう形において上提をいたしたわけであります。

本村の保健活動は県下一という評価をうけており、すべての施策は大事だが人間の生命の問題は一番重要、税をかけることも煎じつめれば生命を確保するため生命を対象とするという一連の施策であると考えております。住民の所得の伸びと関連づけながら適当な機会において全住民の健康というものを完全管理したい心がまえでおります。

しかし一ぺんにはできないのでまず乳児問題をとり上げ一応の成功をおさめたので次に御年寄りの寿命というものを延して行きたいと考えています。これが今回の提案の主旨になっております。

年令を六十五才以上というふうに制限いたしまして六十五才以上の方々には無料で精密検査をするいつでも診察に応じて行くそしてその病気治療はたゞでやろうと言うものです。ただし入院患者についてはいろいろ困難な問題がございまして今回はとりあえず外来診察のみでございます。年令制限については運営委員会におきましても七十才説、六十才説といろいろあったのでございますが、本村の財政等を勘案いたしまして、まあ六十五才でスタートしてみよう。そしてその成行きを見ながら修正すべき場合には修正して行こうというのが私共の考えです。今回提案いたしましたこの金は年度末までに六万五千円という金額で結局一年間を通すと倍になるわけです。いづれにしても村民全体の健康管理というものを徹底して強力に押進める。そういうものを目ざしながら段階的に本村の保健行政をおし進めて参りたいと言うのが提案の理由であります。

入院は除外

問　本村に六五才以上の老令者は何人あるか。またそのうち受診率を何%とみているか。

答　六十才以上の人が六百五十六人、六十才から七十才までが四百二十人七十才以上のものは二百三十六人となり六十才から六十五才までは二百四十八人です。したがって六十五才以上は四百八人ということになります。

受診率は現在月平均十五件、外来件数受診率八、八%になっておりますが、今度無料で診断するとなれば受診率を十七%、月二十九件になるとみております。

問　入院の場合はこの恩恵がないのか。

答　財源的に入院は対象にできません。

問　そうすると割合生活のゆとりのある人でも外来をすればその恩典をうけ生活が苦しくて入院しなければならない人には困るのじゃないか。

答　通院できる人に限られるわけですがねらいは早期に診療して未然に防ぐというのが大きな目的です。保健活動の一環としてやるわけで入院した費用やなんかは別に考えたわけです。生活困窮者については出来るだけ医療扶助を適用させたいし現在も実施していますが、それに準ずる程度については検討中であります。

問　老人対策と言うことから将来はもっとこれを拡充する意志があるか。

答　財源的な面もありますが第一段階としては年令面を六十才まで拡充したい考えでおります。

また入院の場合をのぞいたのはもちろん財源的問題もありますが特に長期にわたる療養の場合（結核のような時）など慎重な考慮を要するわけです。以上の他計算料のことやさまざまな点について質疑あり結局村当局の提案のとおり可決することになったわけです。

＝提＝出＝議＝案＝

第１号　国民健康保険直営診療施設整備拡充特別会計才入才出予算設置について
（病院の緊急を要する施設関係で給食関係施設並びにレントゲン室の整備に要するもの）

第２号　昭和35年度沢内村才入才出第５次追加更正予算
（上記の特別会計に60万円を繰出すことについてのもの）

第３号　昭和35年度沢内村国民健康保険特別会計才入才出第２次更正予算
（65才以上の老令者に対し外来診療を無料とするための追加分）

村の伝説 (61)　宿命の兄弟　日五と月五 ⑥

え と 文　高橋　善二

住吉の神は言葉をつづけて「お前たちは四社の宮居を定めよ。社地は新田三百歩、距離三百歩と定めるのだ。そして祭祀は何時の世までも怠ってはならない。それはこの世の続く限りこの地の民を守るであろう。」と、云い終ると御姿はあわのように消えてしまいました。我々はいつまでもひれ伏しておりましたが、今更ら我が家に帰ることも出来ずこの沢内の里に来て見ればこの始末であったのです。しかし幸い化生も退治されこの上の喜びはないと思う。」

狩人たちの言葉を、親子も里人も夢のように聞いていました。

四社の宮居は、野々宿、川尻、湯田、坂本の四ヶ所にきまりました。そして化生のかばねは、四ツ断にされて、頭は坂本、手は川尻、胴は湯田、尻は野々宿に葬むられてお宮が建てられ四社の明神とあがめられるようになりました。

分祭することになったので、その合同のお祭りの時は一郷の老若男女が集り、神楽を奏し（坂本神楽の起りといわれています）湯の花をあげて、盛んなお祭をしました。ところがこのお祭の時、不思議な事が起りました。

それは喜びさわいでいる群集の中から七才位の女の子が現われて「そもそもこの沢内が開かれて年を経た今、悪魔が現われて人々を苦しめたが神のお力によって退治されたのだ。その悪魔が四地に分座されて四時この地の民を守ることになったのだから里人はその祭りを怠ってはならない。里人氏子が日々の信仰を忘ることがあっては神力がおとろえて人々は、善と悪との道が忘られて世は暗やみとなるであろう。ゆめゆめおこたるなよ。」と、集る人々の前をとびまわったので、群集はただ「ありがたや、ありがたや」と、地にひれふしておがみました。

化生に噛いつかれた七匹の犬は狂犬病のため次ぎ次ぎと死んでしまいました。里人たちは、この犬の死をいたみ後世まで此の地を守り狂犬病を防ぐ神として高台に祭ることにしました。

その高台というのは、八ツ叉の山崎社、高下の山社、鍋山の弁天社、飯野の飯野社、新町のお〇社、分沢の静社、清水野の長瀬社の七ケ所で今に至るまで沢内の七社と称されています。

四人の狩人は化生退治の後始末もすべて終ったので里人たちに名残を惜しまれながらも別れを告げて東南の方に行き去りました。

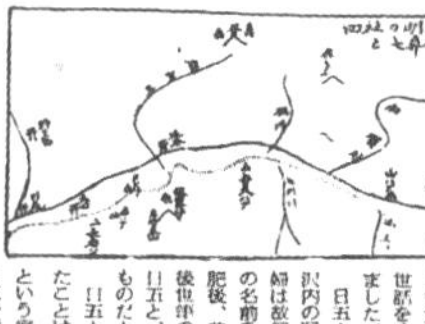

苦難を生きぬき二人の子どもを貧困のうちに育てあげ涙のかわくひまもなかった兄弟の母は化生が退治された翌年正治元年四月八日病のために往生しました。

宿命の兄弟、日五と月五は成人して太田村に家宅を営み、部落の世話をする程の身分となって栄えました。

日五と月五は、文治、建久の頃沢内の隠れ里で生れたが、高橋夫婦は故郷恋しさにせめてはと子どもの名前を国の名にちなんで兄を肥後、弟を筑後と呼んでいたが、後世筆の道を知ったものが肥後を日五と、筑後を月五と書き誤ったものだと伝えられています。

日五と月五は実在の人物であったことは、明治時代に太田の猿部という家に日五、月五の碑という家宝を伝えていたが、その家が火災で焼失されてしまったことは、ほんとうに惜しいことでありました。

（終り）

記念碑の除幕式
北部土地改良区で

さる十二月十一日弁天で記念碑の除幕式がありました。これは北部土地改良区が同区の功労者高橋栄次郎氏（湯田村元県議会議長）にその労をねぎらって高さ十二尺におよぶ石碑を立て、その除幕式を行なったもの。

北部土地改良区は（昭和二十六年）「和賀郡北部耕地整理組合」としてその前身を作り和賀川左岸に沿った沢内村東部及び湯田村北部を地区として昭和四年組合員一六八名で発足、当時五五町歩しかなかった水田を一二〇町歩にふやし、かんがい排水施設の新設及び維持管理さらに災害復旧などの事業を行なってきたことでありとくに戦前の農村恐慌の時代、戦時中の食糧増産時代、戦後の食糧不足洪水災害など社会混乱の時代をへて本村の農業経営の合理化及び食糧増産に寄与した実績は大きいとし、これは組合員一同の一致団結の故と同時にこの間組合長の職にあってこの困難の時代をのりこえてきた高橋栄次郎氏の手腕と援助に対し同改良区でその感謝の意を表わしたもの。約十万円以上の経費は組合員みんなが分担して文字どおり心をこめた記念碑なそうです。除幕式の十一日には県耕地課長代理地元県議をはじめ湯田、沢内村長など各界の関係者約二百名が集り盛大な式典であった。

写真は除幕式

一月は国民健康保険税第四期と村県民税第四期の納期です

学芸品の審査報告

十一月広報で掲載もれしました文化祭の学芸品展審査報告をお知らせいたします。

◆図画　①全般的に色、構図など向上してきている。②生活の一場面をとらえた生々とした絵が多いことは好ましい。③色の学習についてはさらに研究の要がある。

◆工作　①作品が年々豊富になってきたことは好ましい。②生活に必要な便利さなどを考えたものは案外少ない。③工作に使用法の説明、材料などの記載がある事が望ましい。

◆習字　①昨年と比較し全般的に向上している。が入門期の指導は基礎的なものに重点をおきたい。②作品は各学校に巡回して展示し児童の学習の場を拡大したい。

総体的に言えることは作品は割合に豊富になってきていること、自分の生活を考えた身近かな題材が生かされていることなど好感がもたれる。

新有権者としての選挙に対する自覚

選挙管理委員会では新らしく有権者となる来年（三六年）の成人者から「新有権者としての選挙に対する自覚」の原稿募集をしております。長さは二〇〇字詰用紙で十枚以内（四〇〇字詰であれば五枚以内）です。自治省や公明選挙連盟などで選考しますが入選した方には賞金をさし上げるそうですふるって応募して下さい。締切は二月十日村の選管を通して下さい。

農委の名簿にもれなく

農業委員会等に関する法律第十条の規定により選挙管理委員会はみなさんの申請にもとづいて、十二月一日現在によりその選挙資格を調査することになっています。

「農業委員会委員選挙人名簿登録申請書」がみなさんのお手元に配られた筈ですが忘れないで記入し提出して下さい。

名簿に登載される資格者は、昭和十六年三月六日以前に出生したもので次の人が該当します。

(イ)昭和三十五年十二月一日現在本村に住所を有し居住している人。

(ロ)田、畑、小作を問わず一反歩以上の農地につき耕作の業務を営むもの。

(ハ)(イ)(ロ)に該当する者と同居する親族又は配偶者でその耕作に従事する日数が年間六〇日以上。

八年橋が完成

かねて工事中の八年橋（長瀬野よりコンクリート橋）が完成いたしました。御不便をおかけいたしました、御利用下さい。（写真は八年橋）

保健だより

◇しもやけを防ごう。こどもたちがしもやけになる気候である。これにかかりそうな時には早めにマッサージをするとよい。さきの方から中心部にかけてこすり上げるような要領がよい。入浴のあとは一層効果がある。また温水と冷水を用意して交互に一分間ぐらいずつ計十分位局部をひたす。交互浴も効果がある。

◇就学児に歯みがき習慣を、入学を前にしてこの習慣をつけることは最っとも効果的である。ことに乳歯から永久歯にかわりはじめる時でもあるから、この機会に正しい歯みがき習慣を身につけさせたい。また子供に合った歯ぶらしを与えると共に、こどもが気軽に歯をみがけるように洗面台を用意してやることも大切です。

お正月のちしき

おぞうに

おぞうにはお正月三ヵ日の朝きまって食べる。いつごろから始まったか明らかでないが、おそらく餅もちの歴史と同じようにずいぶん古くからのものであろう。正月は三ヵ日だけでなく年賀の客にはいつでも用い、冬の日の重宝な食物である。もちはもちろんだが、いも、大根、白サイ、ごぼう、こんぶ、にんじん、かまぼこなどを入れたおぞう煮は栄養もたっぷりある。

松竹梅

お正月にめでたい松竹梅の話。◎松は齢木（まつりぎ）の略という説があるが、一年中青々として千年の齢をたもって緑の色を保つのでおめでたい木として用いられている。◎竹は介（たけ）または丈（たけ）の意とも、また高（たか）の転じたものともいわれている。たけ高くすくすくと生長するとか、その幹は青く色を変えないというところからめでたい表象となったという。◎梅は熟実（うみみ）の転約されたものといわれる。諸木に先だって花や蕾にたえて咲きわが家の繁栄もかくあれと松竹にそえて用いられているわけである。

成人の日

一月十五日満二十才となった青年を祝いはげます日であるが、問題は青年達自身の側にもある。おとなとしてなくとくした法的権利や義務について自覚し、とくに選挙の公明確立に青年が大きな役割をになうことをよくわかってほしいものです。

基本名簿まとまる

基本選挙人名簿（三五年）がまとまりました。それによると、男一、七六七人、女一、八七五人合計三、六四二人です。これは九月一五日現在で調製し十二月二十日に確定したものです。

吉凶だより

十一月一日
十二月十五日

▽出生
高下　高下トモ子　晋平長女
下ノ沢　高橋　輝夫　賢治二男
高下　高下　茂一　嘉市長男
下ノ沢　佐々木　敦　茂　長男
長瀬野　高橋　義雄　昭伸長男
猿橋　高橋　礼子　清志三女

▽死亡
大野　大島　コマ　七八才
高下　村上　誠　二八才
川舟　野中　孝治　七三才
東大野　石川　清一　六六才
猿橋　猿橋　夕子　九二才
前郷　佐々木貞吉　七〇才

▽婚姻
弁天　高橋　幸一と
湯田村　高橋　淑子
猿橋　藤田　満と
群馬県　桑原ミヤ子
丸志田　佐々木　ヤと
〃　刈田タカ子
前郷　内記　明男と
川舟　中村陽子
猿橋　猿橋　進と
北海道　有田　梓子
東大野　石川　義博と
秋田県　菅原キク子
若畑　藤原　芳夫と
新町　有馬　静子
前郷　内記　ミネ　和賀町へ
岡沢　熊谷　キヌ　遠野市へ
太田　深沢　槙子　湯田村へ
長瀬野　高橋ハツヨ　湯田村へ
大野　石川　喜美　湯田村へ

8. 60歳以上と1歳未満乳児医療費無料化方針　1961（昭和35）年3月30日

広報さわうち

第73号

発行所
岩手県和賀郡沢内村役場
電話猿橋局1番

発行人……深沢　晟雄
責任者……太田　祖電
印刷所……平鹿印刷所

昭和36年3月30日発行　（毎月1回30日発行）

4月のお天気

天気は週期的に変り、時々大きく崩れることがあり雨量は平年より多くなりそうです。気温は高温の方が多いですが、月始めと中旬前半は平年より低くなりそうです。

昭和三六年度の予算案をはじめとして重要案件をかかえた三月定例議会は、さる三月一一日より一週間の会期で開かれました。開会してすぐ村長、教育長より施政および教育に関する方針がのべられましたのでそれを要約してお知らせします。なお今月号は議会関係を中心に、新年度予算の解説もいたしております。

全村民の健康管理を
まず乳児と老令者

村長　36年の方針を語る

もろもろの施策は順調に進んでおります。と前おきして、

新年度予算の編成に当っては限られた収入であるし、やはり外資を導入して、政治を進めて行く以外に道はない。

したがって必らずしも予算面に表われない導入面もあるわけです。たくさんの施策はありますけれどもその中でも大きくとりあげたいのは、農業政策面の増産と結びついたものと保健行政をつよくおし進めてまいりたい。

無料診療は、現在六五才までですがこれを六〇才までに引き下げたい。またモデル部落を指定して徹底した健康管理を行ってみたい。

才入面では平衡交付税などは若干ののびをみている。

才出面では消費的経費はなるべくのぞき、投資的経費をみつもったつもりです。

財務関係―税率は昨年と同様です納税組合ももう少しふやしたい考えです。

電気育苗も試験

産業経済関係―昨年と予算的には減っていない。

共同の防除機具も少しふやしたい野ねずみの共同駆除消毒振興のための乳牛導入の時の利子補給、製炭改良の補助、展示林の設置等を計画した。

開拓関係では現在ある三組合バラバラではいけないし各組合と話し合った結果、組合事務所を設けることに話し合いがまとまり、開拓農協の育成費として人件費一人分はみてやろうとのことになった。土地改良関係でも若干の補助をして行きたい。

収穫畑一反歩の展示圃も作りたいまた電気育苗も進めてみたいし、私の構想としては高等学校に試験的に育苗をするようなことも考えている。

土木関係では災害復旧のうち、公共土木関係は一切片づけて行きたい。

社会労働関係では扶助世帯が大一世帯となっておりますが、更生の意欲にもえている家庭があるのでこれは適業を配合して更生にもって行きたい。

保健関係はなんといっても乳児対策と老令者への対策が大きなものであります。

小児マヒ対策としても可能なかぎりの対策をして行きたい。

消防関係ではやはり無火災であることが一番ですのでこれを持続してまいりたい。

國保関係はさきほども申し上げた通り乳児と老令者の健康については村が責任をもって行きたい。

直診関係では累積赤字があるのですが今後五ケ年間には十分解消できると考えております。

モデル部落を　指定したい

具体的には予算審議の際に明らかになると思うが、健康管理診療の方策の第一として満一才までの乳児と六〇才以上の老令者の健康管理について、その一部を村で保証しようというものです。

全村民の健康管理が将来の目的ではあるが、その第一歩としてモデル部落（二、〇〇〇人位）を指定してその能率的方法を研究してまいりたいと考え、それに必要な経費を計上した。

葬祭費を倍額に

また給付内容の充実のため葬祭費支給を倍額にしました。歯科補綴の必要な負金額をも認めることにした。直診の赤字解消は(イ)経費合理化による材料費の節減。(ロ)乙表の企業的合理性を採用した。(ハ)国保の保健活動に呼応して患者の徴収を図る。(ニ)完全給食を実施し給食内容の向上を図るとともに給食企業の合理化を図りたい考えであります。

機械開発事業については本年より向う五ケ年間に開田七〇町その他区画整理等は機械による開発以外不可能なことであり、冬季の除雪を考え合せれば言を待たないところである。

本年の開発事業の主なものは(1)開田約一九町、(2)抜根三反(3)土工一四〇時間(4)冬季除雪五ケ月とみて予算計上をしたものであります。

機械開発事業と併行して本年導入するホイルトラクターとの関連した事業推進は、今後労働力を節減しながら経済効果の増大に期待がもてるわけであります。

教育長の教育方針

統合についての諮問機関を

学校教育……統合の問題はやはり大きい問題の一つです。

県の五ケ年統合計画に沢内も入っておりますが、県ではさしあたり小学校児童の急増対策が急がれておりますので五ケ年計画は若干のびることになると思う。

本村としては本村なりに統合できるかどうか、また統合すればどれだけの効果があるのか、それらについて具体的に検討する諮問機関を設けたい。

川舟小の講堂建築はどうしてもやりたい。

ただ財源的関係もあって当初予算に計上はできなかったが、追加更正では是非実現したい。

給食の　普及を

昨年から行なっておりますが学校給食は今年も普及するようにしたい。

将来は村全部に普及する様にしたいと考えている。

教育課程の改訂があります。

小学校は三六年度から中学校は三七年度から全面的にかわります。これは全国一斉ですが、小学校から中学校まで一貫した教育方針になることや、道徳教育をおりこんだりして全面的にかわります。

したがってこれらに対する体制を作りあげて行きたい。学校保健は今までと同様続けて、トラコーマの検診治療など村の施策と一貫して乳児から学生、老令にいたる保健の管理を行なってまいりたい。

各地で学校火災がおこっているが防火に対する対策の向上防火施設の完備、非常事態の保安についてたえず研究を進めて行きたいし、また教育を通して防火思想の向上を計りたい。

テレビ、映画、スライド等を通じた視聴覚教育の向上はいっそう強化して進めてまいりたい。

社会教育―一口に言えば、地域綜合社会教育体制の確立をはかりたい。戦後社会教育は群もう時代であったが、そのへい害として婦人と青年の連絡がなかったり、男の大人（成人）と連携がなかったりで綜合的な体制はどうしてもでき得なかったのであります。

これは本村だけでなく全県的な反省となっているのでありますが、これはやはり村の新しい村づくりに中心となって、やって行ける体制の確立をしたい。

したがって今まで実施してきた青年婦人教育と併行して成人教育の振興をやりたい。とにかくにも成人男子の方々と言う考えでおります。

春をつげる季節の仕事はなんと言ってもコエ出しです。明るい日ざしの下で働らくそばには牛がのんびりと立っています。
静かな村を象徴する一コマです。

4月30日は
村長選挙の日です

四月三〇日、沢内村長選挙が行なわれます。

来る五月九日任期満了による村長選挙は次の要領で行なわれる旨選挙管理委員会から発表になりました。

◎補充選挙人名簿

資格があって名簿に登載されていない人のために補充選挙人名簿が調製されます。

四月一五日より一九日まで申請を受付けます。

毎日午前八時三〇分より午後五時までの間。

この補充名簿に登録される人は基本及び整理名簿（三五年九月一五日現在で調製、同年十二月二〇日現在で整理された名簿）に登載されてない人で沢内村に昭和三六年一月一六日以前に居住しており、年令は満二〇才以上（昭和一六年四月一六日以前に出生したもの）の人。

尚この期間一五日より一九日までは現に効力を有する選挙人名簿の縦覧もいたします。

◎異議申し立て期間

二二日より二四日までは補充選挙人名簿の縦覧期間です。補充名簿に申請した人はこの期間に名簿を見て異議のある人は申しのべて下さい。

◎補充名簿の確定

二七日には補充名簿が確定します。いつの選挙でもそうですが、いくら資格があっても名簿に登載されていなければ投票できませんので気をつけて下さい。

◎選挙期日の告示

四月二三日が告示日です。同時に立候補及び推せん届出が開始されます。

この期間は二三日より二六日までです。

◎不在者投票のできる期間

二三日より二九日までできます。場所は役場です。

毎日午後八時三〇分より午後五時まで。

◎投票日

四月三〇日午前七時より午後六時まで各投票所で行ないます。

四年に一度の大事な選挙であります。

どんなことでもいいですから疑問のある点は選挙管理委員会におたずね下さい。

（公明選挙）

告知板

校長異動は新町、長瀬野、貝沢の三校

三月は人事の異動が行なわれる時期です。教員の異動もこのほど発表になりましたのでお知らせいたします。

（校長）（　）内旧任校

鬼柳小　後藤万志郎（新町小）　小田代小（胆江）　及川　正（貝沢小）　貝沢小　赤石銀治（長瀬野小）　長瀬野小　菅原義見（草井沢小）　新町小　中林勇次郎（飯豊小）

（教諭）

徳田小　深沢茂一（新町小）　藤根中　高橋大八（新町小）　貝沢小　古沢和子（新町小）　八重畑小　高橋照子（新町小）　新町小　松本保一（猿川小）　新町小　本多市雄（竹駒小）　新町小　今野長助（倉沢小）　新町小　高橋ミワ（湯本小）　猿橋小　今西由江（川又小）　田瀬小　伊藤　実（長瀬野小）　長瀬野小　高橋茂之（湯田小）　貝沢中　熊谷宏也（川舟小）　川舟小　田中たえ子（川又小）　赤石第二中　菊地　衛（貝沢小）　北上北中　小田島禄之助（一中）　東和中　斉藤悦一郎（一中）　藤根中　高橋秀雄（一中）　一中　高橋利夫（川尻中）　一中　小田島三夫（湯本中）　一中　田鎖久子（岩崎二中）　大野小　菊地久三（二中）　二中　菅原文二（向田小）　横川目中　早坂六郎（三中）　三中　有馬忠夫（松野小）　石鳥谷中　八重樫又徳（貝沢中）　折居中　佐藤忠士（貝沢中）　貝沢中　大隈俊介（田野畑中）

36年土木工事
鍵沢橋など農業施設　あわせて二〇ケ所

昭和三六年度に施行される災害復旧工事の個所は次のとおり。

○公共土木施設
谷地中護岸　一二五、一米
鍵沢橋梁　六〇米

○農業用施設
太田溜池一ケ所　七内川頭首工一ケ所　和佐内水路八〇、六米　内の沢水路三〇、〇米　桐沢農道三七、四六米　大荒沢水路一六、五米　新町第一水路四六、〇米　貝沢頭首工一ケ所　大荒沢頭首工一ケ所　長瀬野頭首工一ケ所　鍵沢頭首工一ケ所　貝沢頭首工一ケ所　万治ケ沢水路二三、〇米　鍵沢水路三三、〇米　分沢水路一二、〇米　和佐内水路三一、五米　貴石頭首工一ケ所　安ケ沢頭首工一ケ所。

ワクチンを接種二回目は十二、十三日

みなさんから希望をとり計画中でありました小児マヒ予防接種はさる二二、二三日に行なわれましたが、該当者二二六人のうち八五人しか注射できませんでした。

このワクチン接種は熱があったりセキをしていたりしたのでは接種できなかったものだからです。

こうした注射できなかった赤ちゃんについては保健所や村でも今対策を検討中ですので具体的にわかり次第お知らせいたします。

今注射した赤ちゃんは四月十二日と十三日に二回目の注射をいたします。

山林火災の予防

○乾燥期です、野火をするときは関係機関に連絡して、風向き等気象状況に注意して火入れをしましょう。

新入学児童の交通事故防止

○道路の右側通行を教えましょう
○路上遊戯はやめましょう。
○道路の横断は左右の安全を確めてまっすぐに渡りましょう。
○走行中の車や、停っている車の前後を横断しないよう注意しましょう。
○登校、下校時には指導による集団通学をさせましょう。

（駐在所）

9. 盛岡市との定期バス開通　1963（昭和38）年2月28日

3月のお天気

気温に寒暖の変動が大きく、かなり高温の日もありますが、月平均では平年なみでしょう。降水量は天気が変りやすく大きく崩れる見込みなので月平均では平年よりやや多目となりましょう。

第99号

発行所
岩手県和賀郡沢内村役場
電話[illegible]局1番
発行人……深沢晟雄
責任者……太田祖電
印刷所……平鹿印刷所

広報さわうち

昭和38年2月28日発行　（毎月1回30日発行）

冬でも盛岡へ

村民の団結、宿命を破る 定期バス開通の記念式

盛岡までの冬季間定期バスの開通記念式が二月二日行なわれました。今冬は県有二台、村有二台、業者からの借上げ三台と合せて七台のブルドーザーを配置し湯本より盛岡までの除雪を行ない定期バスの運行につとめてきました。

昭和三三年一月冬季交通確保期成同盟会を結成、一台のブルを借りてはじめたこの仕事、それから五年、盛岡までのバスが開通したのは昭和二八年ですから十年ぶりについに悲願がみのり村民待望の「冬でも盛岡へ」の夢が実現したわけです。

宿命と思っていたものがやればやれると言う強い自信を生みだしたものです。県やバス会社など関係者の並々ならぬ協力はもちろんのこと、それにも増して村民一丸となっての雪と斗う努力が今ここに大きく報いられたわけです。

この日県側から土木部次長、地方課長をはじめ信連会長、盛岡市助役、となりの雫石町、湯田村などより関係者多数が出席。村内からも議会議員をはじめたくさんの人が出席してその喜びをわかち合いました。中央バス、県南バスが臨時バスを運行、貝沢で落ち合い「豪雪突破冬季定期バス」と書かれた横断幕の下で深沢村長がテープにハサミを入れ、貝沢小中生徒のバンザイの声に、閉ざされていた道が今熱意と努力で切り開かれたのです。

この盛岡までのバス運行のための除雪に要する費用は湯本〜雫石町大村間四三キロに約四八九万円。毎年交流がないために受けてきた損害は数千万円をこえると推定され今後はこれがプラスされ産業経済の発展に果す役割はもちろんのこと、人間交流へも大きく前進するわけです。

記念式の席上次のような挨拶やお祝がのべられ一層の発展を誓いあいました。

開通を祝う臨時バスと貝沢の人達。右側は取材にあたるテレビカメラマン（上）テープにハサミを入れる深沢村長（下）　（2月2日貝沢にて）

政治の姿へ通ずる

深沢村長　先祖以来われわれは雪の被害をうけている。十年に一回とか二〇年に一回の被害ではない。私は政府に対し雪の被害を防ぐ根本的な対策を強く望みたい。岡バス会社の協力も血のにじむような思いである。建設省は日本でも一つの例になると言っている。たんに沢内が雪の征服が出来たと言うのではなくこれが政治の姿に通ずるものでなければいけない。

条件整備に努力

土木部次長　いかなる困難にも耐えて確保にがんばってほしい。建設省の協力も得て冬季除雪の条件を整備して行きたいと思うので関係者の協力を願いたい。

問題解決の実証

高橋県議　あの山伏峠を冬にもバスが通るとはユメにも考えられなかった。バスが開通して交通が便利になったと言うだけでなしにどんなむつかしい問題に対しても全村民一丸となってあたれば何事も解決できると言う実証だと思う。

村政発展の基礎に

盛岡市助役　雪の多いことは想像以上である。いかにお困りのことかと察しられる。この開通は村政発展の基礎となるだろう。

村民協力の結果

県信連会長　今日の記念式は私にとっては特にも感がいの深いものである。全村民が協力した結果と思う。今後もこの熱意を忘れずに事に処してほしい。（久保さんはこの他村長時代の苦難についてふれユーモアをまじえながら話されました。）

熱意に応えたい

県南バス専務　出来るか出来ないかは別としてやらなければならない義務があると感じた。もう盛岡までにはいつでもバスが通るということを生活の設計にとり入れてほしい。村長さんの熱意に応える道は必ず運行すると約束することである。

おくれている雪の対策

久保議長　村民を代表してこの大事業に協力してくれた関係各位に深く感謝したい。科学の進歩に比例しては雪害の研究はおくれている。この面での対策を早急に実現できるよう関係者一層の努力をお願いしたい。

議員定数は現行どおり

四月選挙は二二名で

村議会ではさきに行なった議会報告会と関連し議員の定数を現状のままでよいか削減した方がよいか種々検討してきました。そのためさる一月全世帯にアンケートをとりその意見を聞いておりました。

このほどその集計がまとまりパンフレットでもお知らせしたとおり[illegible]名の回答のうち、減らした方がよい三八八、現状のままでよい三四七、減らすべきだが今度の選挙からは無理だ九四、賛否不明三六との結果で結局定数削減は今のところ見送りとなりました。したがって四月に行なわれる村議選は現状どおり二二名の定数で行なわれるわけです。

最近全国的に市町村議会議員の定数を削減して運営しているところが多いところから自治省でも現状に合せようとの動きがありこれに対し住民の自治活動を制限するものだと反対している向きもあるようです。しかもこの村のように未合併町村は別な角度からも定数を考へらすべきだとの動きがありま

した。そこで賛成、反対、それぞれ項目を上げてみなさんの批判を願ったわけです。その結果を基にして二月四日議会では全員協議会を開いてその取扱いを協議しました。「現状のままでよい」「減らすべきだが今度の選挙からは無理だ」の二つを合せると四四一になり「現状のままでよい」の三四七よりは多い所から「削減すべきだが今回の四月選挙では無理だ」との結論に達したものです。しかし時期の問題を別にすれば「へらした方がよいが」四八二にもなりこの問題は今後に残され社会状勢の変化なども考慮に入れながら一層合理的な線が研究されるものと思われます。

なお参考までにアンケートの中にあった御意見の中から二、三の代表的なものをお知らせします。

今回のアンケートは世帯毎にとったものですが一家中の有権者全部が○をしたものや一人だけで記入したものなど様々です。総体的に「現状のままでよい」と言う人は「尚一層の積極的な活動を望む」「地方議会議員は地方代議員として部落に理事者の方針を正しく伝え又部落の希望を理事者に伝えるような信頼出来る人」「住民の意見を村政に結びつけるには代表たる議員は最大限に選出する事が望ましい」「削減は自治庁の指示に従うべきだ」など記入されています。また削減した方がよいと言う意見の中には「少数であれば責任の巾が大きい」「議会の運営上からも賛成である」「員数的に多いといわゆる賛成議員と言われるのも見受けられる」ときびしい意見も出ています。

またアンケートをとる前にもっと理解させてからやるべきだったなどアンケートのとり方そのものにも意見がよせられみなさんの関心の深かったことを示しています。

知事は記号式で

投票が簡単

今年は地方選挙の年といわれ、四月十七日は知事、県議会議員選挙、三十日は村議会議員選挙が行われる予定です。

このうち知事選挙は記号式投票で行われる模様です。

記号式投票というのは次のように「投票用紙に候補者の氏名が印刷されており、その印刷された候補者のうちから、投票しようとするものの一人に○を記載する方法」で、既にアメリカ、西ドイツ、イタリヤ等の国で採用されております。

岩手県知事選挙投票　印

注意
一、投票しようとする候補者一人について、その氏名の上の○をつける欄に○をつけること。
二、○のほかは何も書かないこと。

○をつける欄	候補者氏名
	山川一郎《やまかわいちろう》
	佐々木光夫《ささきみつお》
	原野太郎《はらのたろう》

この記号式投票は、今までのような、投票用紙に候補者の氏名を書く、いわゆる「自書式投票」に比較すると、

①投票方法が簡単である。
②字を書けない人でも、読める人は、自分で投票できる。

等の利点がありまた投票の秘密の点からも良い方法だといわれております。

このような記号式投票も候補者の多い県会議員選挙には、現在のところ採用できません。従って、四月十七日の選挙では、知事選挙は「記号式」県議会議員選挙は「自書式」で投票することになりましょう。

今までの選挙では、本県は無効投票が多く、特に二つの選挙が同時に行われたときは、全国平均の二倍近くも出ています。

記号式投票をよく理解して、大事な一票をいかすよう心がけたいものです。

選挙公報発行はムリ

昨年の移動村民室の時に、村の選挙でも立会演説会の開催、公報の発行をしてほしいという声が、各部落で話されました。公明選挙をするうえにも大切なことでありますので、これらについて調べて見ましたが、立会演説会は、長の選挙の時だけ条例を定めておれば開催できますが議員の選挙では、立会演説会を開催することはできません。

また、選挙公報も条例の定めるところによって発行できますが、発行の手続に要する日数を見ますと、掲載文を締切るまで最低三日間、印刷ができるまで、三日間で配付するのは、投票当日となり発行した公報も有権者の人達に読んでもらえないということになりますので発行は無理と思います。

しかし、街頭演説会、個人演説会は開催できますので、候補者の人達には是非これらの演説会を各部落で開催し自分の考えを有権者に知らせてもらいたいと思います。

（選挙管理委員会）

固定資産の台帳を従らん

固定資産税課税台帳の従らんがあります。三月一日より二〇日まで役場で行ないますのでごらん下さい。この台帳は固定資産税の課税の基礎となるもので大事なものです。役場に何か用事できた時など気軽に係に申しつけ下さい。納得し明るい気持で納税が出来るよう協力下さい。

またこの機会に家の増築、改築新築などをした場合はすぐに申告するよう心がけましょう。

3月に生ワクを投与

小児マヒ予防の生ワクチンが次の日程で行なわれます。今度のはⅠ型Ⅲ型の混合ワクチンです。

該当者は小学校5年生一部と6年、中一の他赤ちゃんは次の人達が該当します。

昭和36年4月2日〜36年12月1日までに生れた人。
36年12月2日〜37年12月1日までに生れた人。

時間と場所

3月11日	貝沢小	午後1時	
〃 11日	若畑小	〃	2時
〃 11日	新町校舎	〃	2時
〃 12日	川舟小	午前10時	
〃 12日	長瀬野小	午後1時	
〃 12日	猿橋小	午後2時	
〃 13日	太田校舎	午後1時	

時間を厳守して下さい。希望投与ですが経費は村で負担します。

該当者には通知しますが通知の行かない人はすぐ役場に連絡して下さい。

税の未納は3月末までに

昭和37年度の村税は2月末日の固定資産税第4期の納期をもって完了したわけですが、都合によって未だ納税されない方々や、昭和37年度以前の滞納は、極力年度末まで完納されるようお願いいたします。

なお、未納者の方々には3月上旬からお願いにあがりますので是非完納に御協力下さい。

申告は期限内に

ことしもまた所得税の確定申告個人事業税、個人住民税の申告時期となりました。

昨年までは所得税は税務署、事業税は県税事務所、村県民税は役場に申告をしていただいておりましたが、今年から所得税の確定申告のほかに個人事業税と個人住民税も申告しなければならない納税者のみなさんの便宜のために花巻税務署、花巻県税事務所、役場共同で納税相談会場を3月4日湯本小で設けて申告と納税の御相談に応じあわせて申告書の受け付けをすることになりました。

若し都合のため当日申告できない方でも、

所得税は　3月15日までに
事業税村県民税は　3月20日までに

申告をして下さい。

提出期日後になりますと基礎控除を除く各種の控除が認められませんから申告期限は必らず守りましょう。

◉所得税の申告者以外の方につきましては3月上旬から村内の各所で村県民税申告書の説明とあわせて納税の御相談を申し上げることになっておりますので、日時等くわしいことは後日区長を通じてお知らせいたしますのでよろしくお願いいたします。

◉所得税、事業税、村県民税をあわせて申告される方々にはそれぞれ申告書を各人に配布しておりますので説明書をよくごらんになって扶養親族社会保険料（国保税、国民年金の掛金等）生命保険料（簡易保険は含まれます）等の所要事項はよくお調べになっておいで下さい。

屋根よりおちてくる雪などで電線が切れるおそれがあります。切れたら近くの電話ですぐ散宿所へ連絡下さい。（TEL11）

第123号

広報さかうち

昭和40年2月10日　（毎月1回10日発行）

発行所　岩手県和賀郡　沢内村
電話猿橋局1番
発行人……深沢　晟雄
編　集……総務課
印刷所……熊谷印刷

戸籍の窓

人口　六、二七五人
男　三、一〇四人
女　三、一七一人
世帯　一、〇九二世帯
（一月三十一日現在）

一月からの累計

出生　一一件
死亡　七件
婚姻　一八件

生命村長・深沢晟雄逝く

地理的、社会的悪条件の沢内村から「貧乏と不健康」の追放と＜豪雪の征服＞をさけんで、燃えるが如き熱意と闘志をみなぎらせながら、あらゆる困難を排除して「健康な村づくり」を住民に呼びかけ、住民と一体となって「総合保健」の事業を進め、その業績が高く評価されて栄えある『保健文化賞』を受賞させてくれた村長深沢晟雄氏は「食道しゅよう」に肺えんを併発し、一月二十八日夕方、福島医大附属病院の一室で五十九歳の若さで静かに息をひきとった

夜の沿道に遺体を出むかえる

遺体は、ミヤ夫人、助役らにまもられて二十九日夕刻盛岡を経て沢内村貝沢につく、村議会議員、役場職員など関係者約五〇人が出迎えたのをはじめ、誰からともなく部落の人達が集まりちょうちんや、線香をともしてすすりなく主婦の姿が目立った。

遺体をのせた車は、前後七台近い車に付きそわれながら南下したが、若畑でも川舟でも、泉沢、猿橋でも出迎えの住民が沿道にあふれていた。

手をあわせて祈る老婆、半旗をかかげて家族総出で迎えた人達など、全住民の悲しみのうちに夕やみせまる沢内街道を遺体は生家へついた。

三十日には臨時村議会が開かれて、三月三日に村葬を行なうことを決めた。

哲理のうた

岳の主峯をめざす
一条の道
道は一条の哲理
やがて
鉄楽の果に陽は落ち
やがて
空の一点のともしびとなる
ああうつつなき光と化す

＜若畑・山口卓郎＞

しめやかに故人をしのぶ

あいにくのふぶきの二月三日、午前十一時定刻、六千村民はもとより、全国の人々からその死を悼われた深沢村長の告別式は、第一小学校講堂でしめやかに行なわれました。

氏の偉大な業績と深い人間愛、その人徳、人格にふれた人から、その死を悼み悲しんで会場せましと約八〇〇余人が参列し、霊前によせられた弔電は四〇〇通に近く、二〇余名からの弔辞がよせられ、会場一ぱいに声ともならぬすすりなきが続いた。

「『生命の尊重』が政治の基本である。」との信念から、「村民の生命は村が責任を持つべきだ」と公約して村長となった氏は、正にその半生を「住民の健康を守る」ことに献身的な努力をかたむけ、半生を村民のためにささげたといっても過言でありません。

「死の直前まで村の仕事のことばかり気にしていた。」と死に目に立ちあった人が云うほど村民のしあわせを願い＜仕事の鬼＞ともいうべき村長は、いま静かにねむっている。

（第一小で行なわれた村葬）

深沢村長のあしあと

深沢家は部落でも有数の農家であり、養蚕と米つくりが主であった。祖父の晟訓は県議会議員になったこともあるという。

そうした血が、深沢村長にもあるていど伝わっていたものといえよう一人息子の氏は、村の学校を卒えると、一関中学校に学んだ。

冬は吹雪をついて、横手まで歩き横手から奥羽線を経て仙台に出、それから一関へと行かなければならなかったのだという。

その頃、両親は「医者」にさせるつもりであったが、文学に長じ、哲学をかじり、弁舌にもたけていた氏は、その後仙台で高校に進み、東北大学法学部に入学してしまった。

もし「医者」を心ざしていたなら氏のあしあとは、もっと変っていたのかもしれない。

■明治38年12月11日沢内村で誕生。父は農業を営んでいた。新町小学校から一関中学入学。
——子どものころは体が丈夫であったが「わんぱく」ではなかった。
——なんでも出来る秀才であったが音楽はあまりかんばしくなく、唱はほとんど唱わなかった。

■大学を出て中国に渡り、それから昭和21年までの間に銀行、総督府、拓殖公社、鉱山などで仕事をした。

■昭和21年帰国し、郷里で農業に従事した。「まっ黒くなってよく働らいていた」と近所の人はいう。

■23年九州に渡り、佐世保造船所次長の椅子にあったが、不況のため労働者の首切り実施したとき、「おまえ達だけやめさせてはいない。」と自分も退職して再び郷里に帰る。

■同29年沢内村教育長になる。教育振興のため部落をかけめぐった際、「なめこ」の栽培をといてまわることしばしば。別名「ナメコ教育長」のアダ名をもらった。

■同31年助役となり、32年5月沢内村長に当選す。

■深沢村長就任中の主なことがら■

①昭和32年10月、農協に村金庫を設置するなど他団体との「一体態勢」をしく。
②33年除雪と土地改良推進のためにブルドーザーを初購入。
③33年9月福祉行政の一つとして他町村に先がけ70才以上の老人に対して「養老手当金」を給付す。
④34年和賀川改修、中山街道改修工事に着工。
⑤35年「生命尊重」の理念から、年令的に弱い層（満1才以下の乳児と60才以上の老人）に対する国保の10割給付を実施。
⑥36年10月村営保育所を設置。
⑦37年新町小と太田小の統合にふみ切る。
⑧川舟診療所が落成。
⑨乳児の死亡率ゼロを記録し、全国の注目をあつめる。
⑩38年盛岡までの定期バス確保す。
⑪法施行に先がけて世帯主の7割給付を実施。
⑫小杉沢林道に着工す。（5月）
⑬9月には「総合保健行政」の成果が高く評価されて、<保健文化賞>受賞に輝く。
⑭自治団体では初めてという「岩手日報文化賞」も受賞（39年11月）

全国町村会表彰に輝く
保健行政などが表彰理由

村長の急逝で悲しみにくれる我が村が、全国優良町村として全国町村会定期総会の席上で表彰されました。

半生を住民とともに健康な村づくりのために精魂を傾け、数々の事績をのこしてこの世を去った深沢村長は、この朗報も知らずに、皮肉にも表彰式の前の日にこの世を去ったのである。

今度、全国の優良町村の一に選ばれたのは、今はなき深沢村長が、住民の福祉増進を念願として、挙村体制による住民の健康管理を推進し、宿命的とまでいわれた悪条件を克服して、「乳児死亡率ゼロ」をはじめとする数々の成果を上げて全国からも注目をあつめる実績を示したことが表彰のきっかけとなったものと思われている。

県町村会の報ずるところによると優良事績として、
① 機械開発によって土地改良を行ない、新農村建設を推進したこと。
② 児童生徒の学力向上、学校統合、小中学校の給食
③ 保健衛生行政
④ 冬期交通などの交通行政などを大きくとり上げています。

なお、この全国表彰の伝達式は、二十四日に開かれる県町村会の定期総会で佐々木助役が出席して表彰を受けることになっている。

第一小18日に落成式

沢内村第一小学校校舎の落成式は、二月十八日の午前十一時から同校講堂で行なわれます。

第一小は三十七年第一期工事に着工以来、三年間の工事で昨年の十二月完成したもので、鉄筋コンクリートブロックのモダンなもの。

この、校舎の建設には、延べ三千万円をこえる費用がつぎこまれましたが、その大半は、県の補助金や郵政省からの融資金でまかなわれておりますが、村からも四百万をこえる財源がつぎこまれました。

なお、落成式には県の教育関係者、村内来賓等多数の出席を予定しております

和服が目立った成人式

ことしの成人者は七七名で「成人の日」の一月十五日、第一小学校講堂に成人者三八名、来賓およそ四〇名が参加して行なわれました。

各地で話題をよんでいるように、女性の多くは和服姿で出席し、会場は花のさいたようにパットはなやかなふんいきでした。

式は教育委員会のアイデアによるテーブルスピッチ式で行なわれ、佐々木助役が式辞をのべて「成人証」を渡したあと、加藤教育委員長が祝辞をのべて式を閉じた。

午後からの祝賀パーティーでは、各代表からのお祝いや励ましのことばがあり成人者代表中村一美君、高橋享君、久保良子さん、坂本恵子さん、新田栄子さんの五人が成人となった感想やこれからの抱負などについて発表しました。

また第一小生徒の鼓笛演奏があり、きびしい人生へのスタートをお祝いしました。

このあと、映画会とフォークダンスを楽しみ、午後三時頃散会しました。

なお教育委員会では成人者に対するお祝いとして、「印章セット」をお贈り致しました。

成人者代表の宣誓要旨

「本日、私達の人生の門出に際してかくも盛大なる成人式を催して下さいましたことを感謝致します。

私達が生れた昭和十九年は日本の歴史をかえる暗黒の時代であり、不安の連日を過しながら育って来ました。

それが今日、成人の祝福を受けるのは夢のようであります。

未完成の私達でありますが、よき社会人となり、よりよい住みよい郷土建設のために努力する覚悟です。」

成人代表　鄲生雄昭

広報ごよみ

2月3日	村葬（第一小）
9日	国保運営委員会 消防幹部会議
10日	センサス調査票審査会
13日	臨時村議会
18日	第一小落成式
19日 20日	湯田地区農村青年会議（湯本）
21日	村長選挙告示
23日	農業委員会
24日	立候補しめ切り
28日	村長選挙投票日

滑走事故防止にはまず減速を!!

積雪や、凍結した路面では、滑走による交通事故が一番多く発生します。

次の点に注意して安全運転に心がけましょう。

1、タイヤにすべり止めを完備しましょう。
2、「まがり角」やすれ違いでは、必ず「減速」しましょう。
3、「酒よい運転」は絶対やめましょう。
・降雪の際、雪を道路にすてないで、できるだけ道路を広く使いましょう。
・右側通行を厳守しましょう。（真中を歩かぬように。）

新町駐在所

お知らせ

◎狩猟期限は2月15日◎

狩猟も、大分やかましい規則づくめで思う様にできなくなっています。

ましてや狩猟免状もとらないで、兎を追い廻すことは人間としても恥かしいことです。

カモシカは保護鳥獣の中に入っていますから見かけても追わないで下さい。

猟銃の事故が各地で多発しています。取扱いにはくれぐれも注意しましょう。

＝アドバイス・警察＝

東部改良区に電話

和賀東部改良区事務所に新しく電話が入りましたのでご利用下さい。

事務所は、沢内役場内で電話番号は猿橋局の四七五一番です。

……納税は栄える村の……エネルギー

今月は
　固定資産税　第4期分
まだ古い税金を納めていない方は、この機会に納めて滞納一掃運動にご協力下さい。お早めにどうぞ。

【著者紹介】

高橋典成（たかはし　のりしげ）
1947年岩手県沢内村に生まれる。1965年岩手県立北上農業高校卒業。1971年沢内村社会福祉協議会職員。1989年から同事務局長、2002年退職しワークステーション湯田・沢内事務局長。2010年から同施設長。2016年退職。現在NPO法人輝け「いのち」ネットワーク代表。

高橋和子（たかはし　かずこ）
1944年岩手県大東町（現一関市）に生まれる。1968年岩手県立盛岡保健婦専門学院卒業、同年沢内村（健康管理課）に保健婦として就職。1995年に退職し沢内村議会議員に。2007年町村合併後の西和賀町議会議員になり現在に至る。NPO法人輝け「いのち」ネットワーク代表も務め現在理事。

企画：大阪社会保障推進協議会
資料提供：深澤晟雄資料館
映像提供：森谷澄子、株式会社独立企画

今と未来に生きる生命尊重行政
沢内村（現西和賀町）が教えてくれること

2019年1月25日　初版第1刷発行

著者　高橋典成、高橋和子
発行者　坂手崇保
発行所　日本機関紙出版センター
〒553-0006　大阪市福島区吉野3-2-35
TEL 06-6465-1254　FAX 06-6465-1255
http://kikanshi-book.com/　hon@nike.eonet.ne.jp
本文組版　Third
編集　丸尾忠義
印刷・製本　株式会社サンギョウ
©Norishige Takahashi, Kazuko Takahashi 2019 Printed in Japan
ISBN978-4-88900-967-5

万が一、落丁、乱丁本がありましたら、小社あてにお送りください。
送料小社負担にてお取り替えいたします。

日本機関紙出版の好評書

地域包括ケアを問い直す
高齢者の尊厳は守れるか

企画／大阪社会保障推進協議会　編者／鴻上圭太、高倉弘士、北垣智基

A5判　120頁　本体1000円

地域包括ケアで高齢者は幸せに暮らせるのか？　要介護者の家族、病院・老健の入退院の実態調査などから、地域包括ケアの公的責任不在、地域の助け合いへの矮小化、費用負担の問題などを検討、住民のための本当の地域ケアを探る。

日本機関紙出版
〒553-0006　大阪市福島区吉野3-2-35
TEL06(6465)1254　FAX06(6465)1255

シングルマザーをひとりぼっちにしないために
ママたちが本当にやってほしいこと

シンママ大阪応援団／編　芦田麗子／監修

四六判170頁　本体1500円

孤立していた4人のシンママたちが語り合った初めての座談会。貧困と社会の眼差しに向き合いながら、何よりも子どもの幸せを願う彼女たちの人生を支援するために必要なことは何か。

日本機関紙出版
〒553-0006　大阪市福島区吉野3-2-35
TEL06(6465)1254　FAX06(6465)1255

介護保険「卒業」がもたらす悲劇
あなたのまちが大東市と同じ失敗をしないため

【共編】大東社会保障推進協議会　大阪社会保障推進協議会

A5判130頁　本体1300円

大阪府大東市の「元気でまっせ体操」での介護保険「卒業強制」は、軽度者を減らし行政負担を削減できると全国にすすめられているが、「卒業」で要支援1が要介護5になった人もいるなど、その実態は社会的孤立と孤独死へとつながる介護放棄という危険なサービス切り捨てだ！

日本機関紙出版
〒553-0006　大阪市福島区吉野3-2-35
TEL06(6465)1254　FAX06(6465)1255

子どもの元気育てる宝塚の学校給食
《おいしいレシピ&ストーリー》

日本機関紙出版センター／編

B5判　70頁　カラー　本体1200円

より良い学校給食を子どもたちに!

義務教育9年間が直営方式の学校給食。子どもたちに「めっちゃうまい!」と大好評で、市長自ら「日本一よ」と自慢の給食のレシピとそれをささえる秘密のストーリーが明らかに!

日本機関紙出版
〒553-0006　大阪市福島区吉野3-2-35
TEL06(6465)1254　FAX06(6465)1255